シリーズ「遺跡を学ぶ」

111

日本海を望む「倭の国邑」
妻木晩田遺跡

濵田竜彦

新泉社

日本海を望む「倭の国邑」

―妻木晩田遺跡―

濵田竜彦

【目次】

第4章　「妻木晩田」村の終焉……68

編集委員
勅使河原彰（代表）
小野　昭
小野　正敏
石川日出志
小澤　毅
佐々木憲一

装　幀　新谷雅宣
本文図版　松澤利絵

第1章　よみがえる倭の国邑

1　日本海を望む弥生の大集落

「倭人は帯方の東南大海の中にあり、山島によりて国邑《こくゆう》をなす」

これは、三世紀末に編纂された中国の歴史書『三国志』のなかの「魏志（書）」第三〇巻、烏丸・鮮卑・東夷伝の最後に記された倭人の条、いわゆる「魏志倭人伝」の冒頭の一文である。倭の人びとは、山がちな島に、「国邑」すなわち大きな村をつくって暮らしていたという。

倭人伝は続けて対馬国（長崎県対馬市）、一大国（長崎県壱岐市）、末盧国（佐賀県唐津市付近）、伊都国（福岡県糸島市）のことを記している。国邑とは第一に九州北部地方の様子を記したものであろう。しかし、九州北部地方と日本海によって結ばれた中国地方の日本海側（山陰地方）にも、山がちな土地に「魏志倭人伝」の時代に営まれた集落跡が数多くみつかっている。その代表が鳥取県西部、米子《よなご》市と西伯《さいはく》郡大山《だいせん》町にまたがる妻木晩田《むきばんだ》遺跡である（図1）。

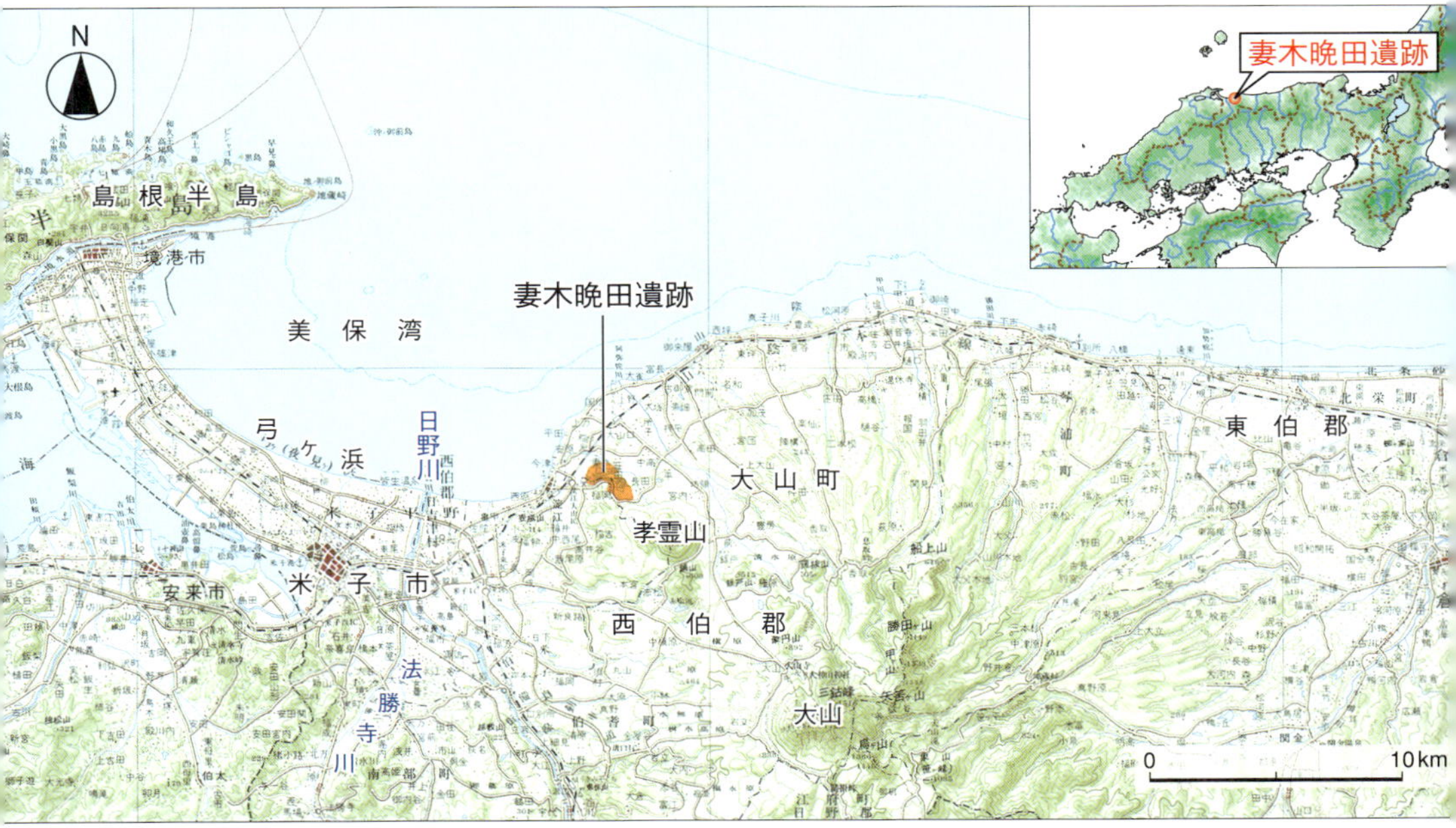

図1 ● 妻木晩田遺跡の位置と全貌
標高80～180mの丘陵にある。上の写真は、ゴルフ場を建設するための発掘調査を終えた直後（1998年ごろ）の様子。保存協議のさなか、発掘された竪穴住居跡に保護シートがかかっている。

妻木晩田遺跡は「晩田山《ばんだやま》」とよばれる小高い丘陵にある。東西約二キロ、南北約一・五キロの範囲に居住域が展開しており、これまでに約四五〇棟の竪穴住居跡、約五一〇棟の掘立柱建物跡のほか、複数の墳丘墓群などがみつかっている。遺跡の広がりは九州を代表する弥生時代の集落跡、佐賀県吉野ヶ里《よしのがり》遺跡の約三倍もあり、現在、約一五二ヘクタールが国の史跡となっている。

　眺望にすぐれ、丘陵の西端から海岸線を眺めると日本海の大パノラマが眼前に広がる（**図2**）。一方、海上から望むと、妻木晩田遺跡の背後には、中国地方の最高峰「大山《だいせん》」と、その寄生火山「孝霊山《こうれいさん》」が前後に並び立つ（**図3**）。その情景は「山島によりて国邑をなす」という一文を彷彿とさせる。

2　妻木晩田遺跡の歴史的環境

出雲「国引き神話」と大山

大山の裾野は東西五〇キロ、南北三〇キロにおよぶ。

図2 ● 妻木晩田遺跡のある丘陵西端からの眺望
美保湾を望む。美しい弧線を描く弓ヶ浜半島、その先に島根半島がある。左手前は2世紀後半の建物を復元した洞ノ原地区西側丘陵。

古代から近世にかけてこの一帯は伯耆国《ほうき》とよばれていた。

大山の主峰は、鳥取県の西にある島根県松江市あたりからも眺望できる。島根県の東部はかつて出雲国《いずも》とよばれ、古代に編まれた数々の神話をつづる『出雲国風土記』が伝わる。

その『出雲国風土記』に大山が登場する。出雲に暮らす神様が四度の国引きによって国を大きくしたという壮大な「国引きの神話」のなかで、大山は、古志国《こし》（いまの北陸地方）から引き寄せた土地をくくりつける杭として表現されている。そして、大山にくくられた引き綱が弓ヶ浜《ゆみがはま》半島、引き寄せられた土地が島根半島である。妻木晩田遺跡からの眺望は、この国引きの一場面にほかならない（**図2**）。

このように「国引き神話」では、伯耆国の象徴である大山が出雲国の創世に一役買っている。鳥取県西部と島根県東部の遺跡から出土する弥生時代の土器や墓制には共通点が多い。当時、両地域は生活文化を共有しており、親しい間柄にあったといえる。そして、出雲国の人びと

図3 ● 海上からみた孝霊山と大山
遺跡のある丘陵の背後に孝霊山、その奥に雪をかぶった大山がそびえる。孝霊山は別名「韓（から）山」。大山と背くらべをするために海を渡って運ばれてきたという伝説が地元に伝わる。

が妻木晩田遺跡の一帯を重要視していたことが「国引き神話」の記述にうかがえるのである。

孝霊山麓と淀江平野

『出雲国風土記』は大山を「火神岳」とよぶ。有史の時代に噴火の記録はないが、太古には荒ぶる火山だったことが語り継がれていたのだろうか。大山の火山活動が途絶えたのは約一万年前のことらしいが、その後、山麓に広がるなだらかな丘陵は人びとの生活の舞台となった。

今日、大山の山麓は山陰地方を代表する遺跡の密集地帯となっており、縄文時代や弥生時代の集落が営まれ、古墳時代には数多くの古墳が築かれている。なかでも妻木晩田遺跡一帯

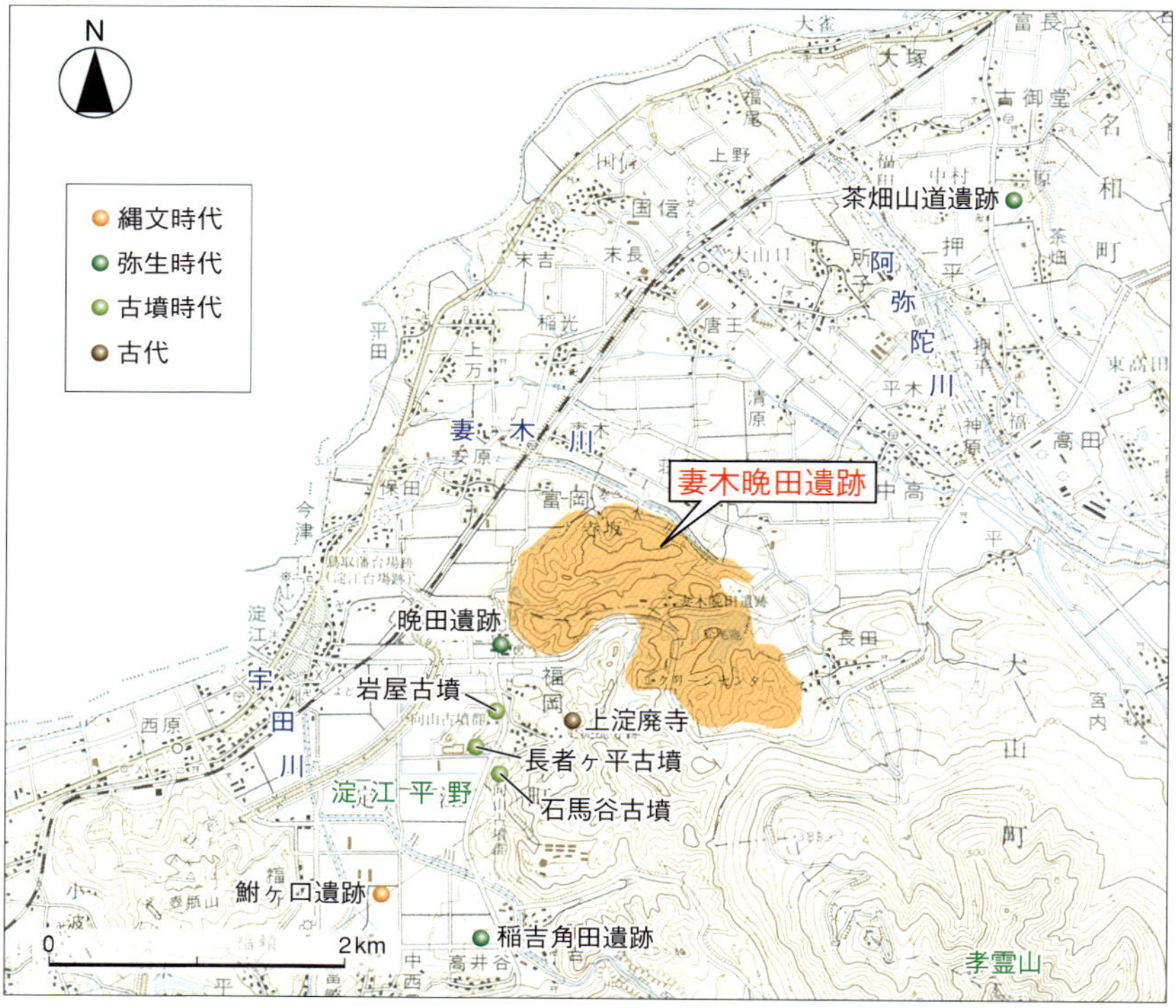

図4 ● 孝霊山の麓に広がる孝霊山麓遺跡群
重要遺跡の密集地帯。妻木晩田遺跡の北東側には阿弥陀川流域に扇状地が広がり、西側にはかつて入り海や潟湖があった淀江平野がある。

は「孝霊山麓遺跡群」とよばれ（図４）、考古学的に重要な地域として、明治時代から研究者の関心を集めてきた。

孝霊山の麓に広がる淀江《よどえ》平野は、いまよりも地球の気候が温暖で、海水面が上昇していた縄文時代前期には入り海だった。その後、気候が寒冷になり、海水面が低下すると、海岸線に発達した砂州によって海と隔てられて入江は潟湖《せきこ》となった。

現在、淀江にあった潟湖の痕跡は失われているが、かつての入り海や潟湖の周辺には、縄文時代や弥生時代の遺跡が点在している。縄文時代には漁猟や採集、弥生時代には水田を耕し、稲を栽培する人びとにとって好適で暮らしやすい環境があったのだろう。

また淀江平野からは、日本列島の他の地域との交流を示す遺物が出土している（**図５**）。たとえば、鮒ヶ口《ふながくち》遺跡から出土した土器は曽畑《そばた》式土器とよばれる

九州との関係を示す曽畑式土器（鮒ヶ口遺跡）

本州島唯一の石馬（伝・石馬谷古墳出土）

上淀廃寺の彩色仏教壁画の断片（神将の上半身）

図５ ● 淀江平野の歴史的環境を物語る遺物

2㎞四方の狭いエリアに重要な遺跡が密集している。地元で「石馬さん」とよばれる石馬は国の重要文化財。江戸時代には腰の痛みをやわらげる「石馬大明神」として信仰されていた。

縄文時代前期の土器で、九州との交流を示す。古墳時代後期につくられた歴代豪族の墓の一つで、全長約六一メートルの前方後円墳・石馬谷《いしうまだに》古墳（小枝山5号墳）からは石馬が出土したと伝わる（現在は近くの天神垣神社に保管）。九州との強い結びつきを示す本州唯一の石馬である。さらに古代には、法隆寺金堂壁画とならぶ最古級の彩色仏教壁画に飾られた金堂がみつかった上淀廃寺《かみよどはいじ》が造立されている。こうした歴史的環境のなかに妻木晩田遺跡はある。

3 妻木晩田遺跡の発見

遺跡群から大集落跡へ

戦前、鳥取県を中心に山陰地方の縄文・弥生文化研究をリードした淀江町在住の考古学者、倉光清六《くらみつせいろく》は、一九三二年に発表した論文「縄文式土器を発見せる伯耆地方の弥生式遺跡について」（『考古学雑誌』二二―四）に、孝霊山麓の遺跡分布図を掲載し、晩田山にたくさんの竪穴住居跡があったことを記している。

この一帯に石器時代の重要な集落跡があることは、大正時代に京都大学の梅原末治が指摘しており、晩田山が重要な遺跡地であることは早くから認識されていた。しかし、ここに大規模な集落跡があることに気づく人はなく、「松尾頭《まつおがしら》」「松尾城《まつおじょう》」「妻木山《むきやま》」「洞《どう》ノ原《はら》」「妻《む》木《き》新山《にいやま》」「仙谷《せんたに》」という個別の遺跡が尾根に点在すると考えられていた。

ところが、倉光が論文を発表してから半世紀以上が経過した一九九五年、晩田山にゴルフ場建設の計画がもちあがり、工事の前に大規模な発掘調査がはじまると、各遺跡から弥生時代の竪穴住居跡がぞくぞくとみつかった。その結果、晩田山の遺跡群は個別の遺跡の集まりではなく、弥生時代の大規模な集落跡だったことが明らかになった。

さらに調査が進むと、弥生時代の墳丘墓群の発見を契機として遺跡の重要性が知れわたり、ゴルフ場建設の是非が問われることになった。市民と考古学研究者による粘り強い保存運動と開発関係者の理解により保存の道がひらけた遺跡は、一九九九年一二月に国の史跡に指定された。

この過程で、晩田山の遺跡群を一つの集落跡として評価、表現すべく「妻木晩田遺跡」が正式名称となっ

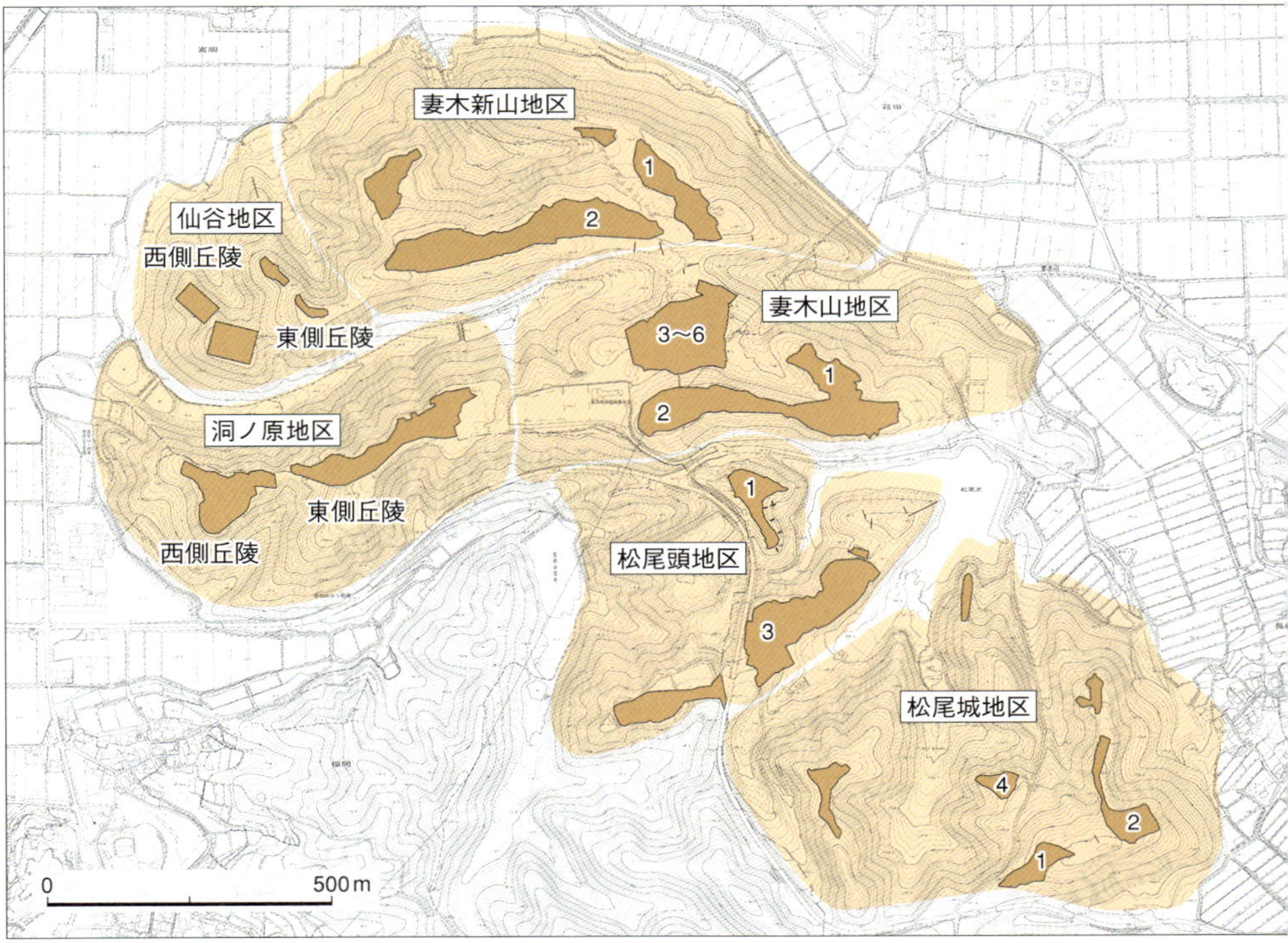

図６●妻木晩田遺跡の全体図
丘陵尾根部を中心に指定地の約10分の１が発掘されているが、まだ、谷部には謎が多い。
何が眠っているのか、今後の調査が期待される。図中の数字は各地区の調査区をあらわす。

た。現在、「松尾頭」「松尾城」「妻木山」「洞ノ原」「妻木新山」「仙谷」という遺跡名は、妻木晩田遺跡の指定地内を分ける地区名となっている（図6）。

「妻木晩田」の由来

「妻木晩田」という遺跡名は読みにくい。実際に「妻」を「む」とは読まないから、「つまきばんだ」と読む人が多い。「妻」を「麦」と見誤って、「むぎばんだ」とよばれることもたびたびである。

「どうして妻木晩田というのですか」と質問を受けることもある。この質問に対する事務的な答えは、遺跡のほぼ中央、現在、ガイダンス施設「弥生の館」のある場所の地名「西伯郡大山町妻木字晩田」に由来するから。大字「妻木」と小字「晩田」の組み合わせが「妻木晩田」という遺跡名になったのである。

一方、「妻木晩田」については、つぎのようにも説明できる。遺跡がある丘陵を、遺跡の西側、米子市淀江町側に暮らす人びとは「晩田山」とよび、遺跡の北東側、西伯群大山町側に暮らす人びとは「妻木山」とよんでいたからだ。偶然にも、「妻木晩田」という名称は、同じ山に与えられた二つの名前の組み合わせとなっている。

ガスや電気が普及する以前、ここには薪や炭を得るために管理されたアカマツの林が広がっていた。「妻木晩田」とは、かつてこの丘陵が近隣の人びとの生活を支えてきた里山だった歴史をも反映する、実のある遺跡名である。

4　「妻木晩田」村三〇〇年の盛衰

遺構の時期をさぐる

妻木晩田遺跡から出土した土器の形や文様を調べると、当時の「妻木晩田」村の営みは、一世紀（弥生時代中期後葉）にはじまり、四世紀にさしかかるころ（古墳時代前期前葉）に終わることがわかる。その期間はおおよそ三〇〇年。このあいだに「妻木晩田」村は、規模が拡大したり縮小したり、また居住域や墓域が移動したりと変化した。本書は、この変遷を明らかにしながら、「妻木晩田」村の実像にせまろうとするわけだが、そのためには遺跡に残る各種遺構の時期を検証し、同時に存在した可能性がある遺構の組み合わせをさぐる必要がある。

この検証にもっとも適した材料が、主に家屋として利用されていた竪穴住居跡である。同時に存在した可能性がある竪穴住居跡の組み合わせは、集落の規模や景観を復元するための基礎となるからだ

竪穴住居は広い竪穴を掘って屋内空間をつくる。そのため、柱穴しか検出できない掘立柱建物と違って、床の上や竪穴を埋める土のなかから土器などが出土することが多い（図7）。

図7●妻木山地区にある竪穴住居跡の床面から出土した土器
竪穴住居跡の中央に作業台とみられる大きな石と、甕が7個、壺が1個置かれていた。周囲には炭層が広がる。何をおこなっていたのか。

発掘調査では、出土した土器の型式をもとに、遺構が使用されていた時期、または遺構が埋没した時期を決定する。そのさいに必要となるのが、土器の形や文様の変化をもとに作成された「時間のものさし」、土器の編年である。

「時間のものさし」土器の編年

大山山麓の遺跡から出土する弥生時代中期後葉から古墳時代前期前葉の土器は、おおよそつぎのように変化している。

ここでは、煮炊きに使われた甕の変化をたどってみる（図8）。まず形では、中期後葉の口縁部は斜めに傾斜しているのが、後期になると口縁部の上端が上方に拡張し、しだいに直立、外反するようになる。文様では、中期後葉の口縁部には二、三条の沈線文が施されているが、

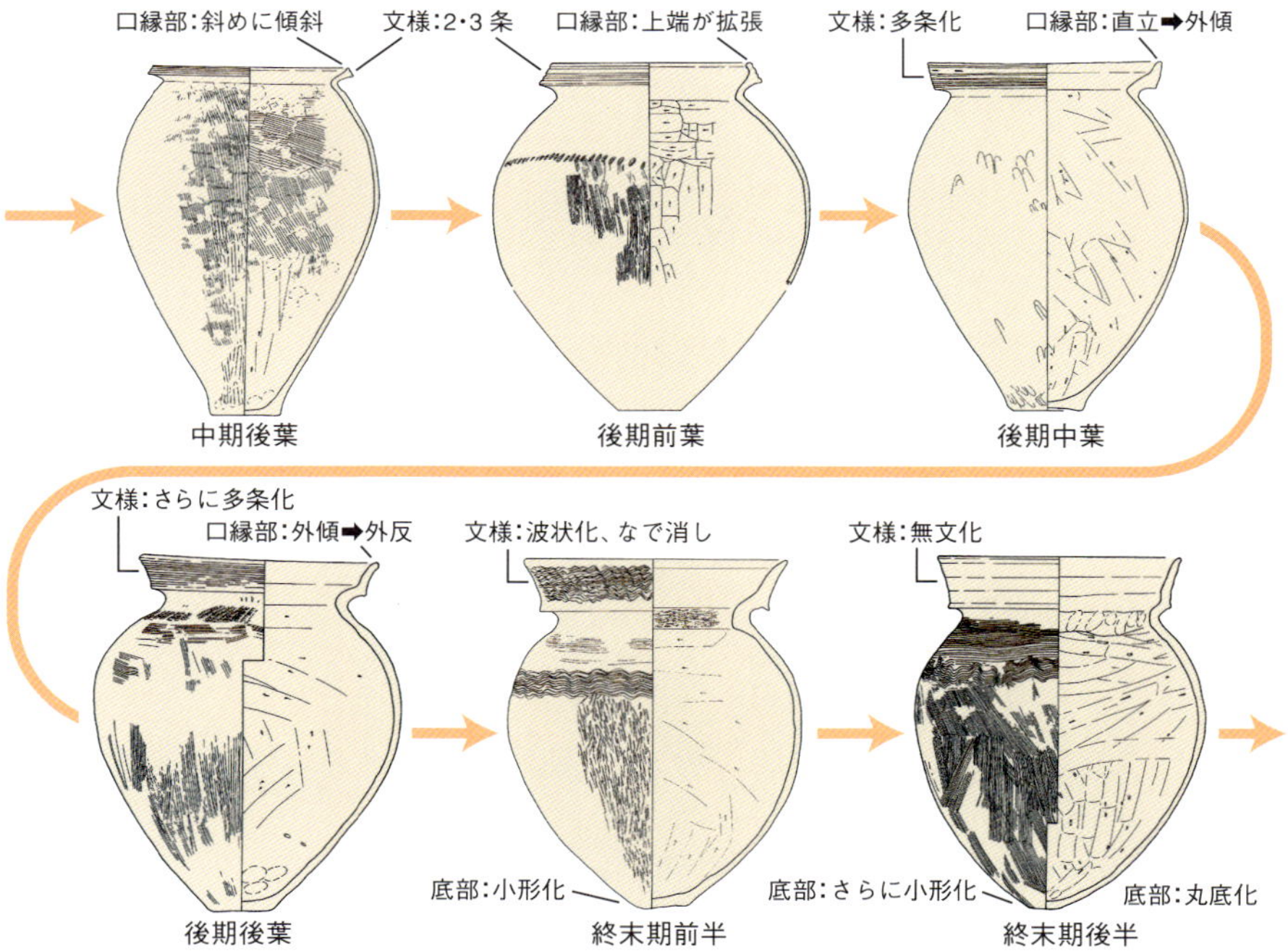

図8 ● 大山山麓における土器（甕）の変化
弥生時代中期中葉までは波状文などで飾られた華美な土器も多くつくられるが、中期後葉以降、装飾が減り、実用的な土器が多くなる。

後期になると口縁部上端の拡張にともない沈線の数が増加し、さらには一度施した沈線を指でなで消したり、直線ではなく波状に沈線を引くものがあらわれる。そして、終末期後半には、ついに口縁部が無文となる。甕や壺の底部の形にも変化がある。中期や後期には安定感のある平底だったのが、終末期には自立できないほど小さくなり、古墳時代には丸底となる。

こうして土器の形と文様を細かく分類することで、精緻な編年が完成する。しかし、遺跡から出土する土器は、すべてが完全な状態を保ってはいない。そのため、編年の指標が細かすぎても実用的ではない。そこで本書では、弥生時代中期後葉から古墳時代前期前葉を七期に区分する編年案を「時間のものさし」としながら、「妻木晩田」村の変遷を考える。

相対年代と暦年代

土器の編年によって得られた時間は「相対年代」とよばれる。この方法によって得られるのは、土器の形や文様の比較を通じて判明した時間の前後関係であり、暦による実際の年代ではない。弥生土器が製作、使用されていた「暦年代」そのものを知ることはできないので、土器の編年に示された一時期の時間幅

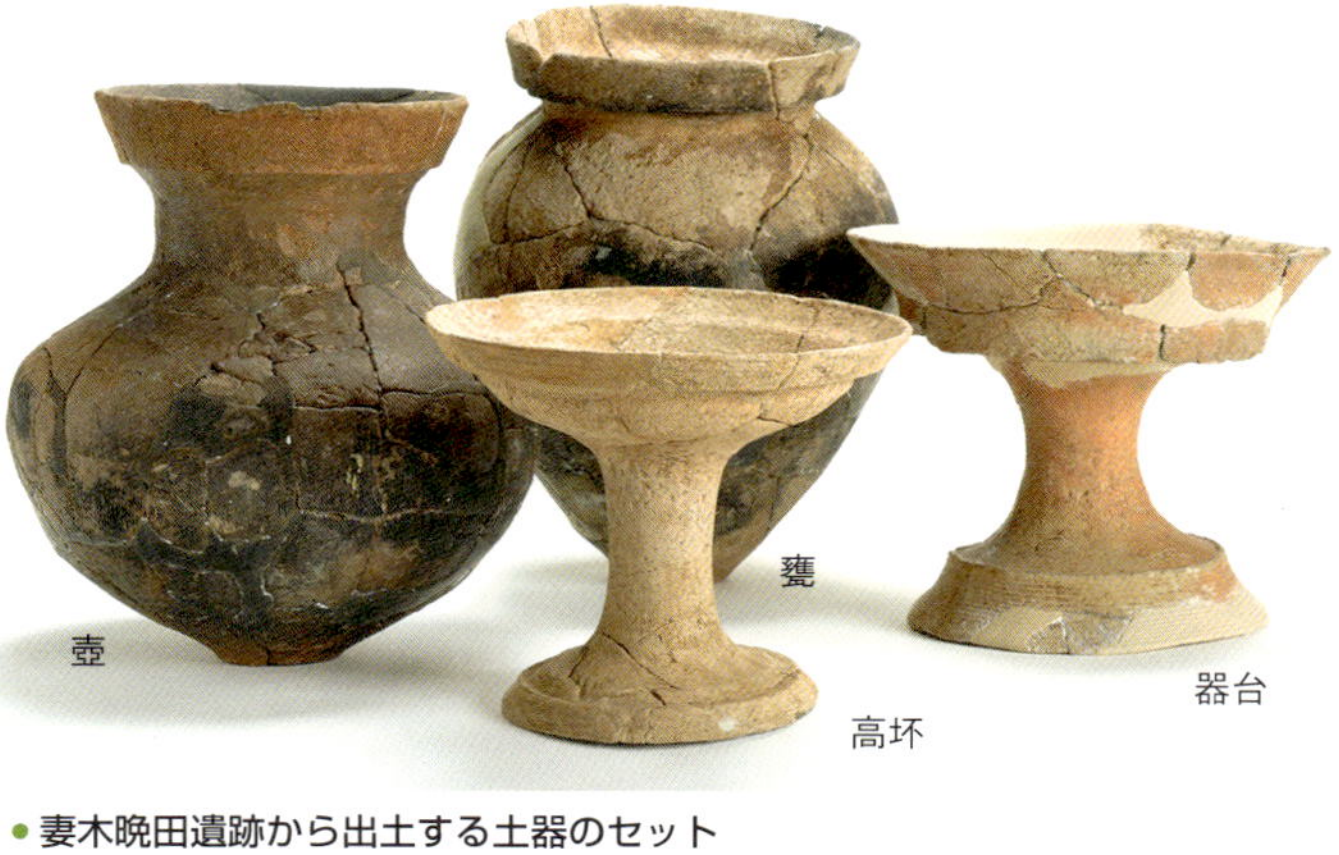

図９● 妻木晩田遺跡から出土する土器のセット
煮炊き用の甕、貯蔵に使われた壺が多く出土する。高坏は盛りつけ用の器。器台は筒状の土器。不安定な甕や壺を置く台として使われた。

を正確に把握することはむずかしい。そこで、一応の目安として、一時期に三〇～五〇年程度の幅を見込み、都合七期を約三〇〇年の「時間のものさし」とする。つまり、概念的な年代の設定である。

なお、最近は、高精度化した放射性炭素の年代測定によって、土器に付着した炭化物を測定し、較正という手続きをへて、暦年代の絞り込みが進められている。また、以前から、紀年銘によって製作年代のわかる中国製の青銅鏡などとの関係を丹念にさぐる方法で、暦年代が推定されてきた。

鳥取市青谷町《あおやちょう》にある青谷上寺地遺跡《あおやかみじち》（**図70参照**）では、「貨《か》泉《せん》」という中国の貨幣が出土している（**図10**）。貨泉は新という中国の王朝が西暦一四年に鋳造をはじめた貨幣で、日本国内

図10 ● 青谷上寺地遺跡出土の貨泉
青谷上寺地遺跡は海辺に営まれた村跡。日本海交流の拠点だったと考えられている。

表1 ● 「妻木晩田」村の時代区分

時期区分			西暦	「妻木晩田」村	周辺におけるおもなできごと
弥生	中期	後葉	0年	村のはじまり	14年 新の王莽が貨泉の鋳造をはじめる 57年 倭の奴国王、後漢から金印を受ける
	後期	前葉	100年	竪穴住居跡 世帯数の増加	
		中葉			
		後葉		最盛期	180年ごろ 倭国乱れる
	終末期	前半	200年	集落規模縮小	239年 倭の女王卑弥呼、魏へ遣使
		後半		集落規模再拡大	近畿地方大和地域に大型前方後円墳登場
古墳	前期	前葉		村の終焉	
		中葉	300年		鳥取平野に前方後円墳登場

では三〇を超える遺跡から出土している。暦年代をさぐるうえで重要な考古資料の一つで、弥生時代後期のはじめごろに編年された土器とともに出土する事例があることから、弥生時代後期は一世紀の中ごろにはじまると考えられる。

そこで後期のはじまりを一世紀中葉と仮定すると、「妻木晩田」村の変遷は**表1**のように時期区分することができる。

同時に存在した竪穴住居跡

以上のような「時間のものさし」を使って一つひとつの遺構の時期を検討する。

「妻木晩田」村の松尾頭地区、妻木山地区、妻木新山地区には、三〇〇年間に、たくさんの竪穴住居が建設された。ただし、各地区における竪穴住居跡の分布には粗密があって、おおむね三〇〇〇平方メートル前後の空間に竪穴住居跡が

図11 ● 妻木山地区２区の竪穴住居跡と同３～６区の景観復元
長く利用された場所には、複数の竪穴住居跡が重なり合う。現在、２区には本物の竪穴住居跡を保存、展示する「遺構展示館」がある。また、３～６区には２世紀後半の景観が復元してある。

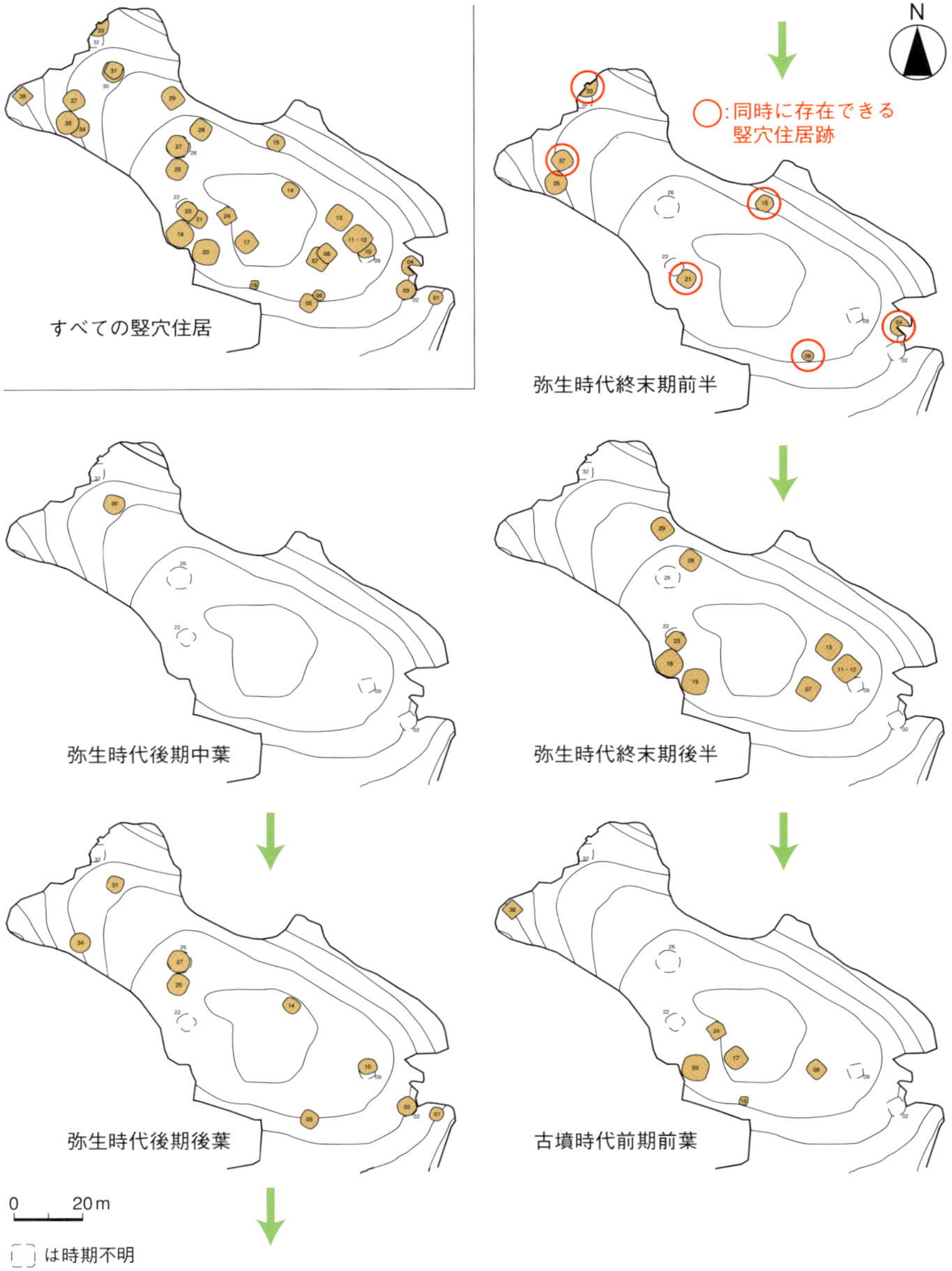

図12 ● 妻木山地区1区の竪穴住居跡の変遷
弥生時代後期中葉に居住を開始している。尾根の頂部（図の中心）に竪穴住居跡がないことから、ここに広場があったことがわかる。

群集する地点が確認できる（**図11**）。どうやら「妻木晩田」村には一定の領域を共有する人びとが〝居住単位〟をつくっていたと考えられる。

こうした居住単位には、ごく限られた期間に建設された竪穴住居跡のみで構成され、同時に存在した竪穴住居跡を抽出しやすいものもあるが、長期にわたってたくさんの竪穴住居跡が累積しており、複雑な様相を示すものも多い。

遺構が累積した複雑な居住単位の一例として、妻木山地区の1区における竪穴住居跡を時期別に整理してみよう（**図12**）。

妻木山地区の1区では、弥生時代後期中葉までに居住がはじまり、古墳前期前葉に居住が途絶えている。このあいだに三六棟の竪穴住居が建設されている。出土する土器をもとに竪穴住居跡の埋没時期を整理すると、弥生時代後期中葉が一棟、同後葉が九棟、終末期前半が七棟、同後半が八棟、古墳前期前葉が六棟となる。埋没時期が特定できない竪穴住居跡も五棟あるが、一時期に存在していた竪穴住居は最大でも一〇棟に満たない。

つぎに、妻木山地区の1区において同時に存在した可能性がある竪穴住居跡を検討すると、終末期前半の土器をともなう竪穴住居跡が七棟ある。埋没時期が特定できない竪穴住居跡のなかにも終末期前半のものがあるかもしれない。ただし、時期不

図13 ● 洞ノ原地区西側丘陵の竪穴住居跡と周堤帯
盛られた土は失われているが、周堤帯のまわりにめぐっていた排水溝から、周堤帯の幅（2.5～3m）がわかる好例。

明の竪穴住居跡のうち三棟は後期後葉の土器をともなう竪穴住居跡に切られているので、この三棟は終末期前半には存在していないことになる。一方、終末期前半の竪穴住居跡に切られるものと単独で存在するものは終末期前半に存在した可能性が残る。

したがって、終末期前半に存在した可能性がある竪穴住居跡は九棟である。

ただし、妻木晩田遺跡の竪穴住居跡には、竪穴の周囲に幅三メートル程度の周堤帯をともなうものがある（**図13**）。妻木山地区の1区には周堤の痕跡をとどめる事例はないが、各竪穴住居跡に幅三メートルの周堤があったと仮定すると、周堤の範囲が重なり合う位置関係にあるものは同時に存在できない。

こうした検討の結果、終末期前半のある一時期に、妻木山地区の1区に存在した竪穴住居は最大で六棟となる。また、このすべてが同時に建設され、廃絶したものではないとするならば、三棟前後の竪穴住居が一つの居住単位を形成していたと考えることができる。

図14 ● 松尾頭地区の貯蔵穴
上は弥生時代後期中葉、下は古墳時代前期前葉の貯蔵穴。どちらも内部がふくらみ、断面はフラスコのような形をしている。

居住単位の実像

「妻木晩田」村には、おおよそ三〇〇〇平方メートルほどの空間を共有し、数棟の竪穴住居に暮らす人びとがいた。一棟の竪穴住居が一家族の住まいだったとすると、終末期前半の妻木山地区の1区には、三世帯ほどの家族が一つの居住単位をつくっていたことになる。

また、弥生時代の集落跡では、竪穴住居跡のほかに、断面がフラスコ形になるように掘った土坑（貯蔵穴、**図14**）や掘立柱建物跡（高床倉庫、**図15**）などがみつかる。したがって、当時の人びとの生活を考えるには、こうした付属施設も視野に入れた検討が不可欠である。

ただし、柱穴しか残っていない掘立柱建物跡は廃絶時期がわかりずらい。そのため、妻木晩田遺跡のように長く居住が継続している遺跡では、竪穴住居跡と掘立柱建物の組み合わせを正確に把握することがむずかしい。そこで居住期間の短いほかの集落跡を参考にして、竪穴住居と付属施設の組み合わせを確認しておこう。

鳥取県倉吉市のコザンコウ遺跡（**図70参照**）は、大山東麓の丘陵でみつか

図15 ● **掘立柱建物跡と高床倉庫の復元**
整然と柱穴がならぶ掘立柱建物。復元高床倉庫の設計は、青谷上寺地遺跡から出土した建築部材を参考にした。

った弥生時代の集落遺跡で、約三〇〇〇平方メートルの領域に三棟の竪穴住居跡が点在している（**図16**）。三棟からは弥生後期後葉の土器が出土している。竪穴の周囲に幅三メートルほどの周堤があっても各竪穴住居間の距離は十分に確保されているので、三棟の竪穴住居跡は同時に存在できる。そして、この三棟の竪穴住居跡に近接して、それぞれ貯蔵穴とみられる土坑一基と掘立柱建物跡一棟がみつかっている。

つまり「コザンコウ」村では、竪穴住居、貯蔵穴、高床倉庫の組み合わせを基本とする三世帯が居住単位を形成していたのである。さらに、この三点セットからなる空間を区切る細い溝や柵とみられる小穴の列も確認されている。各世帯が貯蔵施設を所有して一〇〇〇平方メートル程度の空間を占有していたことがわかる。

三〇〇年の移ろい

「妻木晩田」村の居住単位には掘立柱建物が一カ所に群集する事例もあるが、「コザンコウ」村と同様に、一定の空間を占有する数棟の竪穴住居が一つの居住単位を形成していたと考えられる。こうした理解のもとで、弥生時代中期後葉から古墳時代前期前葉における「妻木晩田」

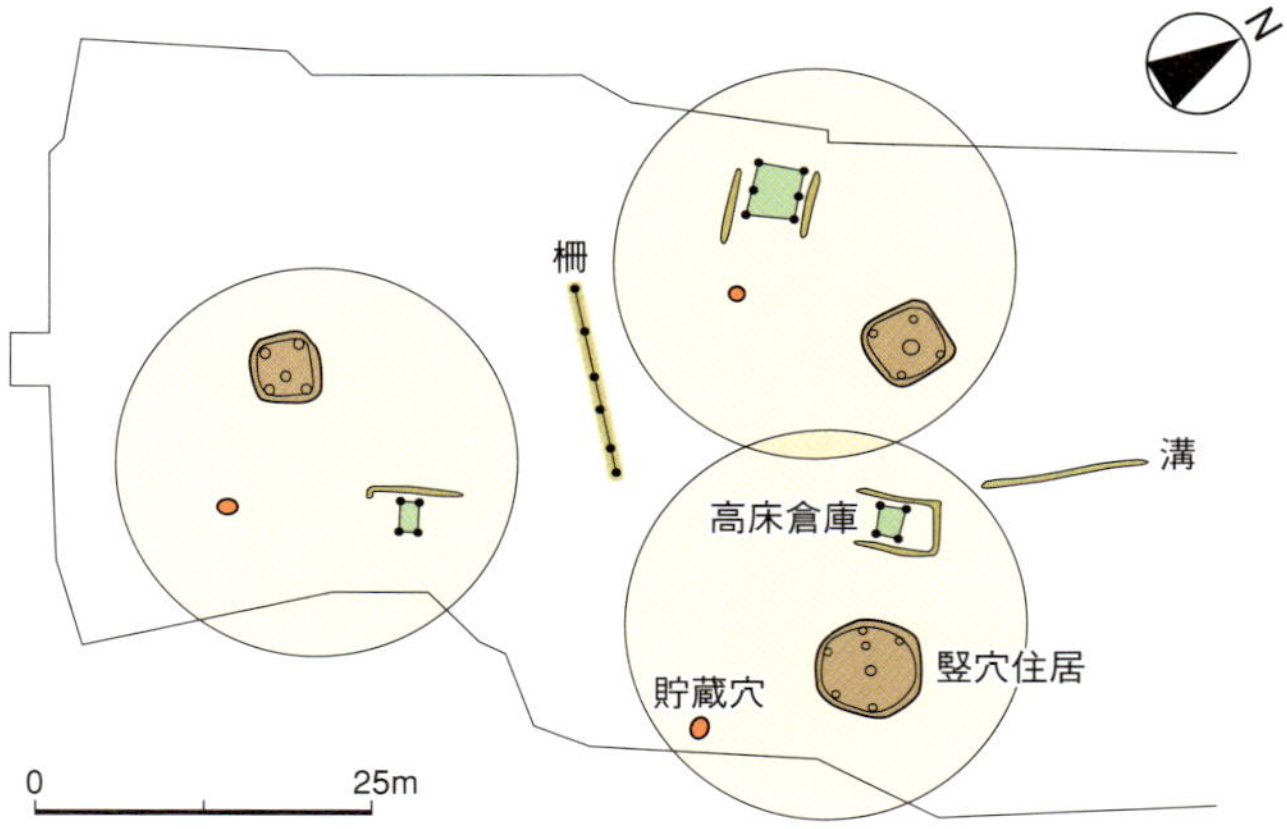

図16 ● コザンコウ遺跡にみる居住単位
この遺跡では、それぞれ貯蔵穴・高床倉庫という貯蔵施設を所有する3棟の竪穴住居が一つの居住単位を形成していた。

村の移ろいを概観しよう。**図17**は妻木山地区における竪穴住居跡の増減である。妻木山地区は居住域として長く利用されており、「妻木晩田」村の消長をわかりやすく理解できる。

妻木山地区では、弥生時代中期後葉に居住がはじまり、後期に竪穴住居と居住単位が増加していく様子がうかがわれる。その数、中期後葉に竪穴住居一棟（居住単位一カ所）、後期前葉に竪穴住居九棟（居住単位四カ所）、後期中葉に竪穴住居七棟（居住単位五カ所）、後期後葉に竪穴住居六七棟（居住単位七カ所）。後期後葉に最盛期をむかえている。

しかし、村の発展は順風満帆ではなかったようだ。最盛期をむかえた直後、終末期前半には竪穴住居が激減している。居住単位も半減しており、この時期、村の勢力が大きく減退している。このとき何があったのか。気になるところだ。ところが、終末期の後半にはふたたび居住単位が増加に転じ、集落の規模は回復傾向を示す。古墳時代前期前葉には竪穴住居一〇棟（居住単位四カ所）が確認できるが、山陰地方で前方後円墳の築造がはじまるころ、「妻木晩田」村は丘陵上から姿を消す。

では、次章から「妻木晩田」村の盛衰をみていこう。

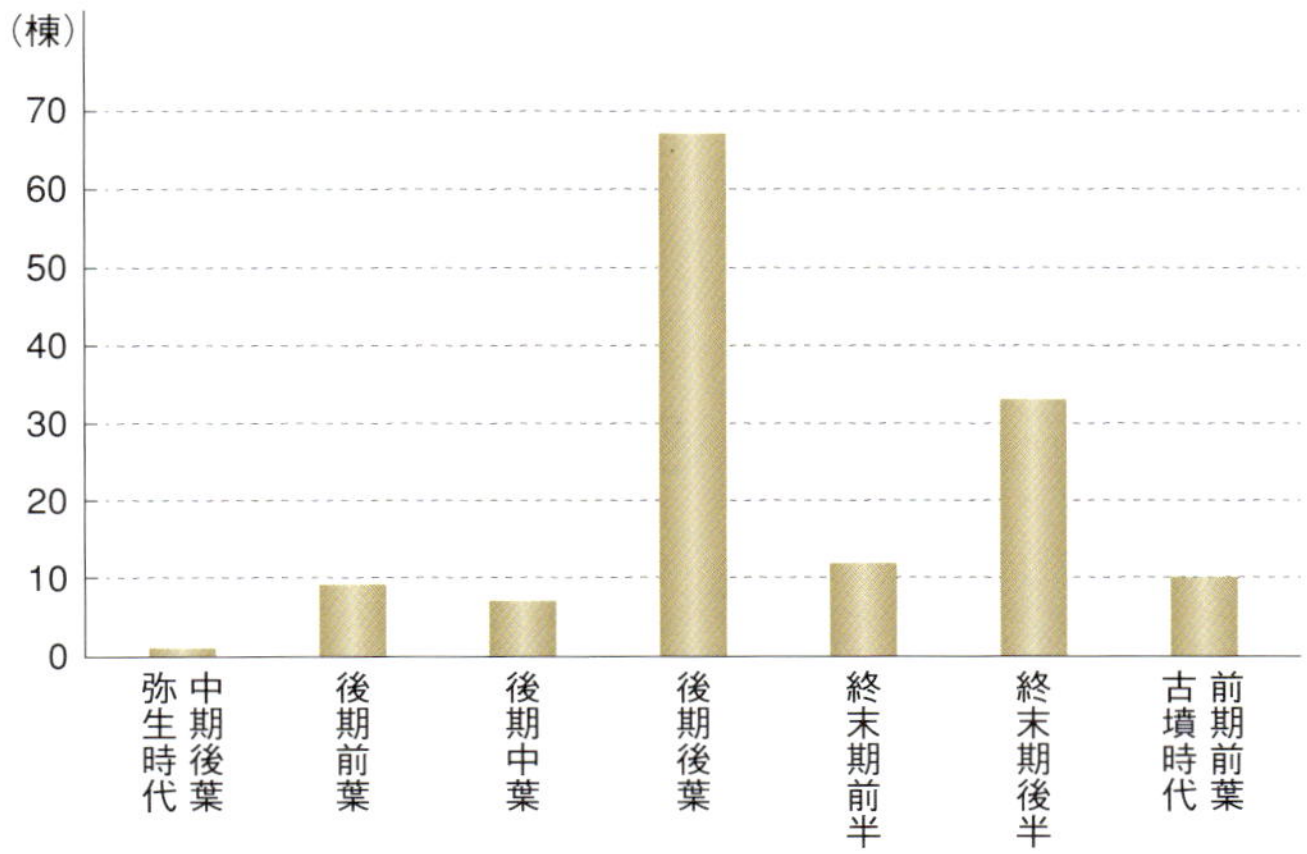

図17 ● 妻木山地区にみる竪穴住居跡の増減
妻木山地区は「妻木晩田」村の変遷を代表している。弥生時代中期後葉に居住がはじまり、後期後葉に最盛期をむかえる。

第2章　集落のはじまり

1　平野から丘陵へ

農耕のはじまりと平野部の利用

山陰地方では、縄文時代晩期の後半、紀元前七世紀まではイネ、アワ、キビといったイネ科植物の栽培がはじまる（図18）。そして、西日本における弥生時代前期の典型的な土器である遠賀川《おんがかわ》式土器が山陰地方に登場する紀元前六〜五世紀になると、平野部を中心に遺跡が増加する。イネの栽培に適した環境を求めての動きと考えられる。

一方、大山山麓の丘陵地帯では、弥生時代前半期の土地利用が低調である。現在、妻木晩田遺跡に確認できる弥生時代のもっとも古い遺構は、弥生時代中期中葉に使用されていた方形の土坑である。淀江平野を見下ろす洞ノ原地区の西側丘陵にあり、ほぼ完全な形に復元できる土器が埋まっていた。

しかし、この土坑の周囲には同時期の竪穴住居跡が一棟もみつかっておらず、土器もこの土坑のほかからはごく少量しか出土していない。その当時、この場所では日常的な生活がおこなわれていなかったようだ。そこで妻木晩田遺跡の周辺にこの時期の居住の候補地をさがしてみると、洞ノ原地区西側丘陵の麓に晩田遺跡がある（図4参照）。晩田遺跡は洞ノ原地区西側丘陵と目と鼻の先にあり、弥生時代中期中葉の土器がたくさん出土している。遺構はみつかっていないが、この時期には、淀江平野に水田を営む人たちが、洞ノ原地区西側丘陵の裾部に居住し、時折、その背後にある丘陵部を利用していたのだろう。まだ丘陵部は生活の拠点となっていなかったのである。

丘陵における生活のはじまり

弥生時代中期後葉（紀元前一世紀～一世紀前葉）になると、大山山麓では丘陵部に遺跡が増加する。妻木晩田遺跡では、晩田山のほぼ中央に位置する松尾頭地区と妻木山地区で、中期後葉の土器をともなう竪穴住居跡や土坑がみつかっている（図19）。

竪穴住居は、松尾頭地区1区に一棟、同3

図18 ● 本高弓ノ木遺跡（図70参照）出土の土器と栽培植物の圧痕
左側は紀元前7世紀ごろの縄文土器と種実圧痕。右側はシリコンを注入して形状を再現した種実のレプリカ。上からイネ、アワ、キビ。

区に二棟、妻木山地区の西側に一棟あるが、後期の竪穴住居跡とくらべて、どの竪穴も掘り込みが浅い。松尾頭地区と妻木山地区は後期以降も「妻木晩田」村の中心的な居住域として利用が継続しており、そのあいだに地面が削られたりして、痕跡を失った竪穴住居跡もあるだろう。本来は、もう少し多くの竪穴住居があったかもしれない。

それでも現状では、中期後葉の遺構は松尾頭地区や妻木山地区の一角にしか認められない。最初の「妻木晩田」村は三カ所程度の居住単位で構成される小規模な集落だったと考えられる。

平野部から丘陵部へ

弥生時代研究では、標高の高い丘陵部に立地する集落を「高地性集落」と

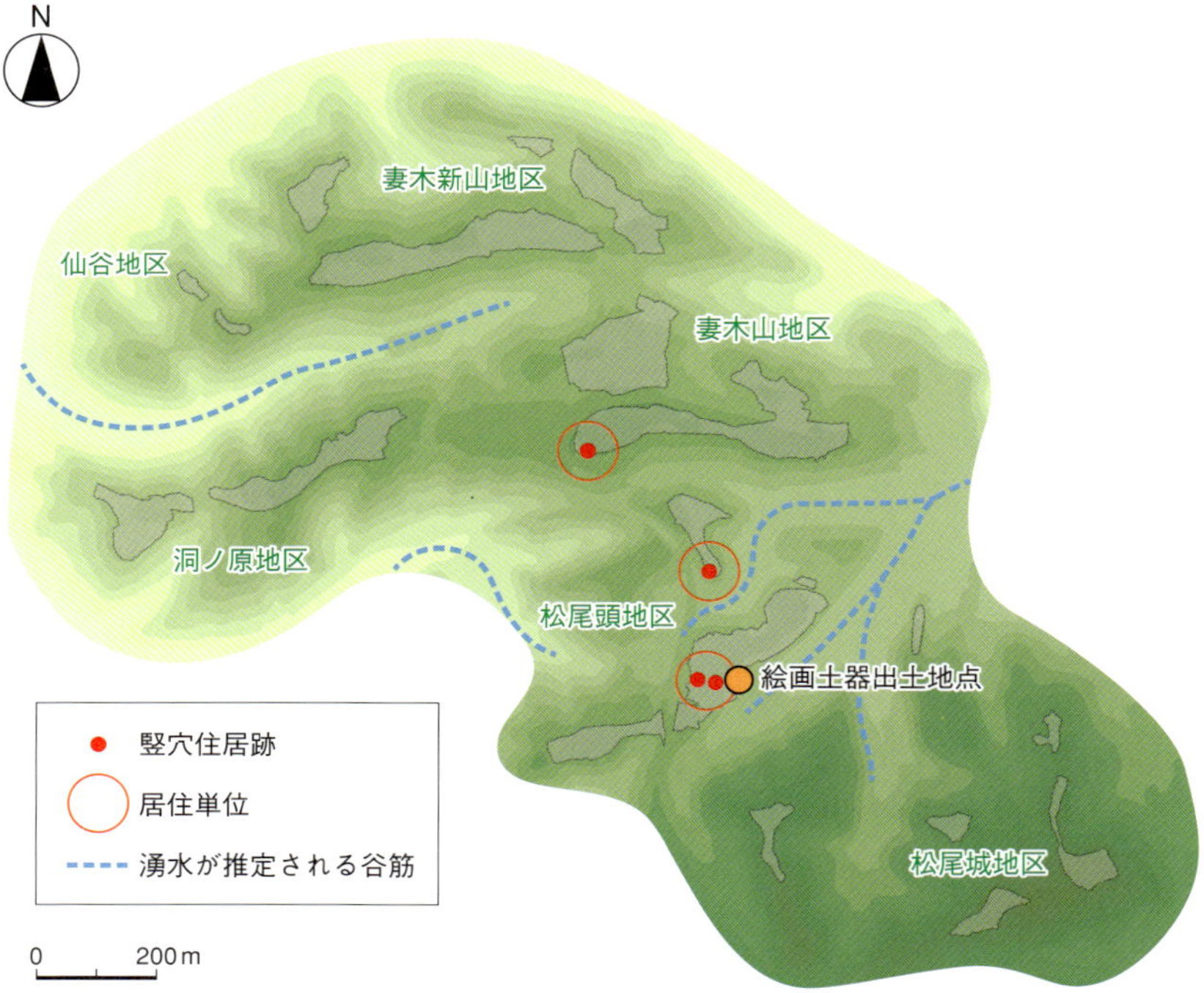

図19 ● 弥生時代中期後葉の居住域
松尾頭地区の東側には、現在はため池となっている大きな谷がある。水場に近い場所が最初に居住域を定める決め手だったのかもしれない。

よび、社会的な緊張関係の発生により、防塞にすぐれた場所を求めて高台に集落を営んだとみる説がある。たしかに弥生時代の遺跡からは、武器となる石鏃や銅鏃が刺さるなどして傷を負った人骨が出土することがある（図20）。時に殺傷にいたる激しい争いが弥生時代にあったことは事実だ。敵対する集団が近くにあれば、突然の襲撃に対する備えも必要だったことは想像に難くない。

しかし、丘陵部にある集落すべてを、争いから身を守るために平野部から移動してきたものとは考えられない。平野部から丘陵部へこぞって人が移動したのならば、平野部の遺跡数は激減するはずだが、遺跡数の増減を調べてみると、大山山麓では、弥生時代を通じて平野部の遺跡数に大きな変化が生じていない。

つまり平野部にあった集落が丸ごと丘陵部へ移動したのではなく、平野の集落に暮らしていた人びとの一部が丘陵部に移り住んだと考えるのが自然である。

想定されるのは、人口が飽和状態になった平野部の集落からの分村のような動きである。もともと人口圧の高い平野部に新たな村をつくるのはいさかいの火種となる。弥生時代の前半期に利用が低調だった丘陵部は、新たな村を構えるのに障害の少ない場所

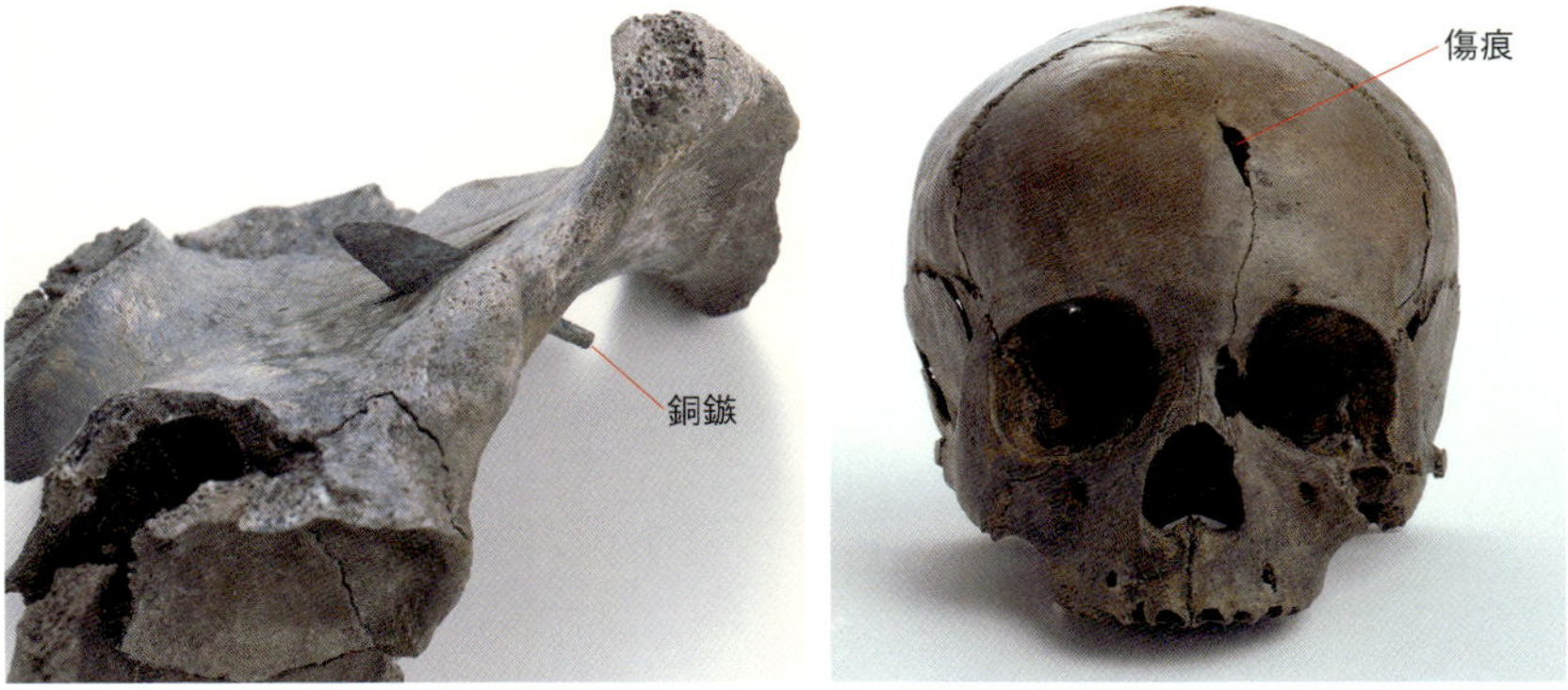

図20 ● 青谷上寺地遺跡出土の殺傷痕のある人骨
弥生時代終末期ごろに埋まった溝から出土した人骨。左は骨盤にある寛骨。真横から撃ち込まれた銅鏃が刺さっている。右の頭蓋骨には前頭部に鋭利な刃物による傷痕がある。

だったといえよう。

弥生時代中期後葉にあらわれた「妻木晩田」村は、丘陵部に新天地を求めた人びとが草分けとなって開いた小さな村だったと考えておきたい。

村の草分けの面影

松尾頭地区３区から一片の絵画土器が出土している（**図21**）。弥生時代中期後葉の大型壺の頸部の破片で、竪穴住居と思われる三角形の構造物と、頭に大きな羽根飾りをつけた人物を線刻してある。この人物は片手に杖のような棒を持ち、もう一方の手を横に大きく広げているようにみえる。この描写が在りし日の「妻木晩田」村の情景ならば興味深い。では、ここに描かれているのはどのような人物なのだろうか。

妻木晩田遺跡の周辺では、こうした中期後葉の絵画土器片が、淀江平野の西側にある稲吉角田《いなよしすみだ》遺跡（**図４参照**）と日吉塚《ひえづか》古墳からも出土している。そして、どちらにも頭に飾りをつけた人物が描かれているのである。

稲吉角田遺跡の絵画土器（**図22**）には、楼観を思わせる高層建物を目指して舟を漕ぐ人びと

図21 ● 松尾頭地区３区出土の絵画土器
向かって右側の手を横に広げているとみているが、左側の手には表現が省略された盾が描かれているという説もある。その場合、右側の手は戈を持つことになる。

の姿が線刻されている。舟がむかう先、高層建物のそばには、高床建物や紡錘形の物体をつり下げた竿のようなものがある。

　高層建物は祠、高床建物は稲穂を収める倉庫だろうか。竿にぶら下がる紡錘形の道具を祭りの鐘・銅鐸と考える研究者もいる。この土器に描かれているのが豊穣を祈念する農耕儀礼の情景ならば、舟を漕ぐ人びとは祭の場にむかう司祭者だろう。先頭に陣取る人物の頭には、後方の人物よりも装飾性に富む飾りが表現されている。この人物は、舟を祭の場に導く道先案内であり、祭祀の責任者なのかもしれない。

　一方、日吉塚古墳の土器片に描かれているのは、向かって左側の手に盾を持つ人物である。右側の手には戈のような武器を持つようだ（図23）。そして、この人物の左側にも別の盾と頭飾りの先端部がみえているので、この土器片には、盾を持って向き合う二人の人物が表現されていたことがわかる。描かれているのは、武装した戦士。実

図22 ● 稲吉角田遺跡出土の絵画土器と展開図
大型壺の頸部に線刻画が展開している。青谷上寺地遺跡では長さが７ｍを超える長い柱が出土している。実際、楼閣のような高層建物が弥生時代にあったことがわかる。

際の戦闘、もしくは戦闘を模した儀礼の一場面なのだろう。

羽根飾りと人物像

三つの遺跡から出土した絵画土器片に描かれた人物像をくらべてみると、日吉塚古墳出土の絵画土器の戦士が身につけている幅の広い刀形の大きな羽根飾りは、松尾頭地区から出土した絵画土器片に描かれた人物の頭飾りとよく似ている。

一方、司祭者を描いたとみられる稲吉角田遺跡の人物には、長く後方に垂れ下がる頭飾りが描かれている。頭飾りのデザインが職能を表現しているとするならば、刀形の頭飾りは戦いにかかわる人物であることをあらわすアイテムだったのではないかと考えられる。

また、松尾頭地区から出土した絵画土器片の人物は杖のような棒を携えているが、日吉塚古墳出土の絵画土器片に描かれた戦士のように盾や戈を持たない。持ち物の違いは何を意味しているのか。防具や武器を持たないことに着目するならば、松尾頭地区出土の絵画土器片に描かれた人物は戦士ではなく、戦闘を指揮する人物だった可能性がある。私には、片手を大きく横に広げる姿が、戦士を鼓舞する振る舞いのようにもみえる。

以上は、一つの解釈にすぎない。しかし、いくつかの絵画資料を通じて、弥生時代中期後葉

図23 ● 日吉塚古墳出土の絵画土器
これも大型壺の頸部片。稲吉角田遺跡近くにある古墳の下層から出土した。左側の人物が持つ盾には「×」が刻まれている。立場を異にする人物が向かい合っているのかもしれない。

の村々には、祭祀を司ったり、戦闘を指揮する人物が存在したことを見通せる。

一人の人物を描いた小さな絵画土器片は、「妻木晩田」村の草分けの地たる松尾頭地区の重要性を際立たせている。そして、こうした村の指導者たちは、その後、集落が拡大、発展するにしたがって、さらに重要な役割を演じることになる。

2　集住のはじまり

拡大する「妻木晩田」村

弥生時代後期前葉（一世紀中葉～後葉）になると、「妻木晩田」村にいくつかの変化があらわれる。その一つが竪穴住居跡と居住単位の増加である。

この時期、九カ所に居住単位が確認できる（図24）。新たな居住域となったのは遺跡の北側である。松尾頭地区では数が減って一カ所となるが、妻木山地区には新たに三カ所の居住単位が加わる。そして居住に利用されていなかった妻木新山地区に四カ所の居住単位があらわれる。また、洞ノ原地区の東側丘陵が墓域となり、西側丘陵には環濠が掘削される。

ところで、九カ所の居住単位は竪穴住居跡と掘立柱建物跡、そして貯蔵穴とみられる土坑の組み合わせからなる。このなかに大型の建物跡などとくに目立った遺構を備える場所はない。しかし、草分けの地である松尾頭地区と新たな居住域が展開する妻木新山地区のなかに、それぞれ一つ、ほかよりも竪穴住居跡の数が多い居住単位が存在している。竪穴住居跡以外の遺構のあり方には九カ所の居住単位に大きな格差はみられないが、この二つの居住単位はほかよりも竪穴住居跡の分布範囲も広く、集団規模が大きいようにみえる。

中期後葉に居住がはじまる松尾頭地区と妻木山地区、そして新たな居住域である妻木新山地区に展開する居住単位のなかに、それぞれ核となる集団が存在していたと考えておきたい。

集落が成長する過程にあって、大規模な集団の紐帯となる唯一の有力集団が顕在化する前に、集落を二分するグループが存在したのかもしれない。

人口増加の背景

このように弥生時代中期後葉から後期前葉にかけて「妻木晩田」村の集団規模は拡大しており、本格的な集住がはじま

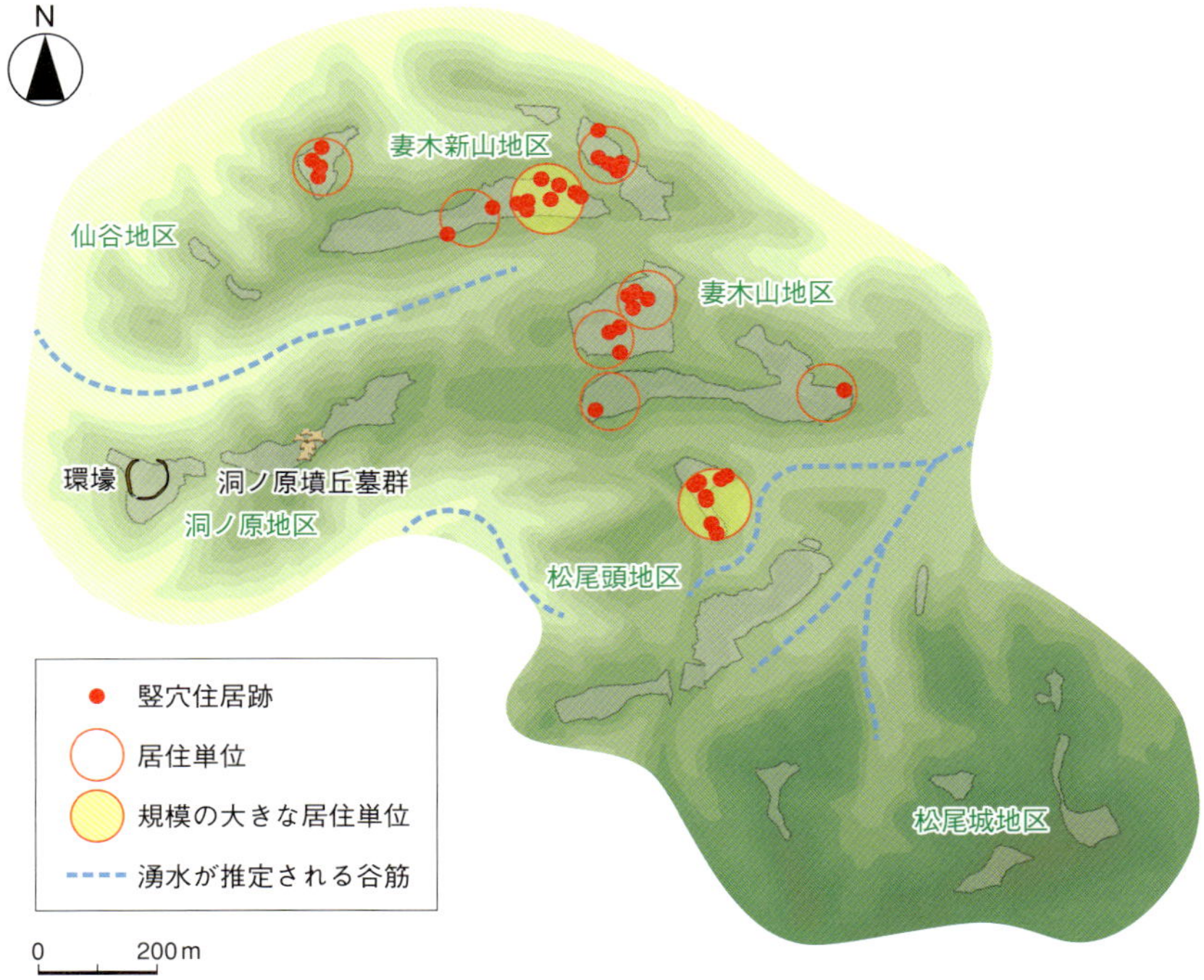

図24 ● 弥生時代後期前葉の居住域
居住域が丘陵の北側に広がっていく様子がよくわかる。また、このころ海浜部に面した洞ノ原地区が特別な場所となる。

る。ところが大山山麓には、この時期に「妻木晩田」村とは対照的な動きをみせる遺跡もある。

大山の西側を北流する日野川の西岸にある青木・福市《ふくいち》遺跡（**図25・38参照**）や、同じく越敷《こしき》山《さん》丘陵に立地する越敷山遺跡群（**図38参照**）は、推定二〇ヘクタール以上の広さがあり、弥生時代中期後葉から古墳時代前期に営まれた百数十棟の竪穴住居跡がみつかった点で、「妻木晩田」村とよく似た集落跡である。とくに越敷山遺跡群は、「妻木晩田」村に匹敵する規模の集落があったと考えられている。ところがこれらの遺跡では、中期末から後期前葉にかけて竪穴住居跡の数が著しく減少している。

また、阿弥陀川の東に広がる台地に立地する茶畑山道《ちゃばたやまみち》遺跡（**図４参照**）は、中期中・後葉に大型の掘立柱建物跡（**図26**）を備えた重要な村だったが、後期の遺構はない。村の営みが途絶えるか別の地点に居住地が移動したと考えられる。

つまり大山山麓には中期後葉から後期前葉にかけて、妻木晩田遺跡のように規模を拡大する集落と、青木遺跡や越敷山遺跡群のように規模を縮小する集落、さらには茶畑山道遺跡のように営みが絶えるか居住地を別地点に移動する

図25 ● 発掘調査中の青木遺跡
標高40ｍほどのなだらかな丘陵に広がる大規模遺跡。1970年代に発掘調査がおこなわれ、妻木晩田遺跡と同時代の集落跡が発見された。

集落があった。
これは、弥生時代中期の終わりから後期のはじめにかけて集団の離合集散、集落の再編という動きが生じていたことによる。「妻木晩田」村の集団規模が拡大する背景には、人口の自然増加に加えて、他所から人の移動もあったと考えられる。そして、こうした時代に成長をとげる「妻木晩田」村を象徴する遺構が、洞ノ原地区に造営された墳丘墓群と環濠にかこまれた空間である。

3 洞ノ原墳丘墓群と環濠

バラエティに富む墳丘墓

集落規模の拡大と軌を一にして、淀江平野と美保湾を一望する洞ノ原地区の東側丘陵に墳丘墓の造営がはじまる（図27）。弥生時代後期前葉から中葉にかけて築造された大小一七基の墳丘墓である（このほかに墳丘のない墓壙が八基ある）。

墳丘には四角い方形のものと四隅が放射線状に突出する四隅突出型がある。またその大きさは長辺が七メートルを超える大型のもの、六〜四メートルの中型のもの、一辺が三メートルにも満たない小型のものとバラエティに富む（図28）。

図26 ● 茶畑山道遺跡の大型掘立柱建物跡
梁行1間、桁行4間。梁を支える棟持柱がある。柱は人ひとりがすっぽりとおさまるほどの大きさがある。遺跡からは絵画土器などもたくさん出土している。

墳丘墓の配置は、一見、雑然としているようにもみえるが、墓群の中央に大型の1号墓と2号墓があり、その周囲に中型の3号墓と4号墓、7号墓と8号墓、そして小型の墳丘墓が環状にならぶ。

では、この墳丘墓群に葬られたのはどのような人たちなのか。その解明には墳丘内の埋葬施設や副葬品の検討が欠かせないが、洞ノ原墳丘墓群は保存のために墳丘下部の埋葬施設を発掘していない。そこで墳丘墓の大きさ、配置、形から可能なかぎりこの問題に接近してみたい。

大型・中型墳丘墓の被葬者像

洞ノ原墳丘墓群の墳丘墓は、一定の規格のもとに、大、中、小のつくりわけを強く意識している。そのなかで墓域の中心にあってひときわ目立つのが大型の1号墓と2号墓である。

1号墓と2号墓の周囲からは、洞ノ原墳丘墓群でもっとも古い特徴をもった土器が出土している。集落が拡大をはじめる弥生時代後期前葉のものである。その後、1号墓、2号墓よりも大きな墳丘墓をつくっていないことから、1

図27 ● 復元した洞ノ原墳丘墓群
妻木晩田遺跡を保存する大きなきっかけとなった場所。
現在、発掘された墳丘墓は保護層の下にあり、その上に
原寸大の墳丘が復元整備してある。

号墓、2号墓に葬られた人物は死後も特別な扱いを受けていたことがわかる。大集落となる礎《いしずえ》を築いた人たちの墓と考えたい。

気になるのは1号墓と2号墓の前後関係だが、残念ながら、築造の順番を示す手がかりが確認できない。しかし、二つの墳丘墓を比較するとつぎのことがわかる。

まず2号墓は墳丘墓群のもっとも中心にあり、1号墓よりもわずかに大きい。そして1号墓や中型の墳丘墓はどれも2号墓の西側には築造されていない。日本海への眺望が開けた西側を

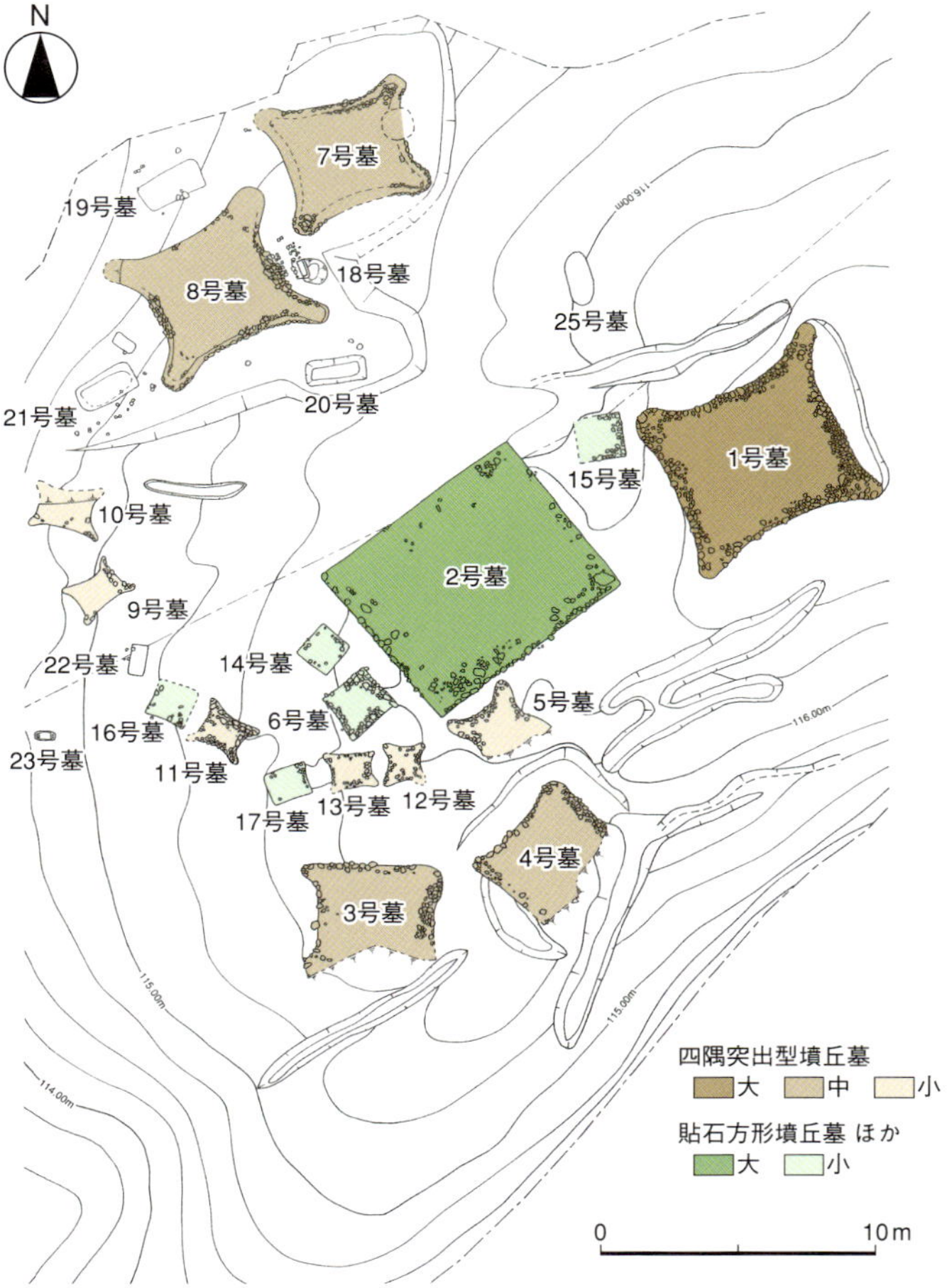

図28 ● 洞ノ原墳丘墓群における墳丘墓の配置
この場所は大字「洞ノ原」、小字「二重土俵」という。後世の人びとは1号墓と2号墓を二つの土俵に見立てたのかもしれない。

墳丘の正面とするならば、１号墓や中型の墳丘墓は、２号墓の視界を損ねない場所に配置されているようにみえる。２号墓には格別な配慮がなされているといえよう。このように考えると、２号墓の被葬者の死を契機として、洞ノ原墳丘墓群の造営がはじまったことがうかがわれる。

大型や中型の墳丘墓には、「妻木晩田」村の歴代首長やそれに準じる重要人物が埋葬されていると思われるが、大型の１・２号墓、中型の３・４号墓と７・８号墓は、それぞれ二基が一対の関係となるよう配置されている。これは「妻木晩田」村の首長や首長に準じる立場にあった有力者たちの、親子、夫婦、兄弟などの関係が墳丘墓の配置に反映されているのかもしれない。もしくは松尾頭・妻木山地区、そして妻木新山地区のなかにそれぞれ核となりそうな居住単位が存在していることから（**図24参照**）、二つのグループを代表する有力者が対の関係になるよう墳丘墓が配置されている可能性もある。

小型墳丘墓の被葬者像

洞ノ原墳丘墓群はユニークな墳丘墓群である。そのことを際立たせているのが小型の墳丘墓だ。墳丘下部で埋葬施設の平面形が確認されている５号墓の墓壙は、長さ九七セ

図29 ● **小型の墳丘墓（洞ノ原５号墓）と墓壙**
墳丘は小さいが、貼石がめぐらされ、四隅がはっきりと突出している。墳丘の形をした墓標のようもみえる。

ンチ、幅六五センチほどである（図29）。このサイズでは、膝を折り曲げても、大人の遺体には窮屈である。弥生時代の中国地方には、いったん風葬などをおこない白骨化した遺体を再葬する風習も知られていないことから、この小型の墳丘墓は「子どもの墓」と考えていいだろう。

洞ノ原墳丘墓群における墳丘墓の造営は弥生時代後期前葉にはじまり、後期中葉に途絶える。その造営期間は、一〇〇年にはおよばないが五〇年を超えて継続していた。二基の大型墳丘墓と四基の中型墳丘墓がこの間に代替わりした首長の墓だとすると、小型墳丘墓は一一基もあるので、二倍近くの子どもが早世したことになる。子どもの墓の数が多すぎるようにも思えるが、子どもの生存率がいまよりも低かったことを考慮するならけっして不自然な数ではない。

貼石方形墳丘墓と四隅突出型墳丘墓

中国地方では、弥生時代中期中葉に、広島県の山間部や島根県の沿岸部に貼石をともなう方形墳丘墓が姿をあらわす。洞ノ原墳丘墓群では、墳丘墓群造営の契機となった人物が埋葬され

図30●洞ノ原1号墓の北側突出部と踏石状の石列
北側の突出部がほかよりも長くのび、踏石状にならぶ石が残っている。本来はもっとたくさんの石がならんでいたのだろう。

ているとみられる2号墓に方形の墳丘が採用されている。

一方、四隅突出型墳丘墓は、中国地方の山間部で中期後葉ごろに定型化した。出現当初は四隅の突出は短いが、後期になるとしだいに突出部が発達する。そして山陰地方の東部にも分布の範囲が拡大する。洞ノ原墳丘墓群では、1号墓など多くの墳丘墓がこの墳形を採用している。

四隅突出型墳丘墓の起源は、貼石方形墳丘墓の四隅の強調にはじまり、その稜線上に石をならべたという説が有力だ。突出部の石列は「踏石状石列」などとよばれ、墳丘の内外を結ぶ墓道と理解されている。1号墓の場合、北東隅部の突出がほかよりも少し長く、石材が踏石状にならぶ（**図30**）。ここが墳丘上にアプローチする唯一の墓道だったのである。そして、踏石状の石列によって外部と接続された墳丘上では、亡き有力者をとむらう儀礼がおこなわれていたのだろう。

その最たる事例が島根県出雲市にある西谷3号墓である。八岐大蛇《やまたのおろち》伝説が伝わる斐伊《ひい》川下流域に発達した出雲平野を一望する丘陵の上にあり、弥生時代後期後葉に出雲平野の一帯を掌握していた有力者の墓と推定される（**図31**）。

図31 ● 島根県出雲市の西谷3号墓の模型
山陰地方を代表する弥生時代後期後葉の大規模な四隅突出墳丘墓。
墳丘の裾には整然とならぶ二列の立石列がめぐる。

西谷3号墓では、墳丘の中央に木槨の埋葬施設を設けて、その内部に多量の朱を敷きつめ、舶載の貴重なガラス製品などを惜しげもなく副葬していた。この被葬者が大陸と強く結びついた実力者であったことは疑いがない。

そして墳丘上には霊廟を思わせる建物跡があり、儀礼に使用された大量の土器も出土している（**図32**）。そのなかには山陽地方や近畿地方北部、北陸地方に特徴的な型式の土器が多く含まれている。この墓の主の葬儀には遠隔地から器物を携えた人びとが参列したようだ。西谷3号墓で執りおこなわれた儀礼は、たんなる葬儀にとどまらず、広域の集団にも影響力をもった政治色の強い一大イベントだったに違いない。山陰地方では四隅突出型の墳丘とそこでの儀礼を共有する社会的な連帯や集団間の同盟が結ばれていたのだろう。

図32 ● 西谷3号墓の墳丘上から出土した大量の土器
第4主体と名づけられた埋葬施設の上部から200個体以上の土器が出土した。奥にみえる一番大きな土器は吉備から運び込まれた特殊な器台と壺。

洞ノ原2号墓からみえてくるもの

しかし、洞ノ原墳丘墓群の核となる2号墓は四隅突出型の墳丘を採用していない。ということは、２号墓の被葬者は四隅突出型の墳丘を共有する集団にまだ与《くみ》していなかったと考えられる。その次代を担った人物の墓と思われる１号墓に四隅突出型の墳丘が採用されたことから、「妻木晩田」村は、この人物の治世に出雲地域などの集団との結びつきを深めていったのではないか。こうしたステップを踏みながら、力を蓄えていった「妻木晩田」村は、山陰地方最大の大規模集落へと発展していくのである。

洞ノ原地区東側丘陵における墳丘墓の築造は弥生時代後期中葉に途絶える。しかし、その後も墳丘墓のある場所は居住域にとり込まれたりせず、破壊されることはなかった。集落が存続する間、ここは絶えず不可侵の領域と認識されていたのである。

環濠にかこまれた丘

弥生時代後期前葉に「妻木晩田」村に集まった人びとは、墳丘墓の造営とともに、その眼下にある洞ノ原地区西側丘陵に、丘陵頂部をかこう環濠を掘削した（**図33**）。

環濠は直径六〇～六五メートルほどの範囲を円形にめぐり約三〇〇〇平方メートルの空間をとりかこんでいる。濠の幅は四～五メートルもあり、壁面はきつく傾斜し、断面

図33 ● 洞ノ原地区西側丘陵の環濠
丘陵の頂部をほぼ円形にとりかこむ白い帯のようにみえるのが環濠。環濠の背後に洞ノ原墳丘墓群がある。

はV字形をしている（図34）。淀江平野に面した側では、地形の傾斜をうまく利用することで、濠の壁面の高さが四メートルに達する場所もある。濠の底から丘陵の頂部にむかって這い上がることは容易ではない。

なお濠の最下部にたまった土（下層）から弥生時代後期前葉の土器が出土する。洞ノ原墳丘墓群に1号墓や2号墓が築造されたころには環濠が存在していたことがわかる。

環濠の役割

発見当初、この環濠は防塞施設と目されていた。妻木晩田遺跡から南西へ約六キロのところにある尾高浅山《おだかあざやま》遺跡（図38参照）では、三重の環濠が小高い丘陵の上に築かれた弥生時代後期前葉の居住域をかこみ（図35）、つぶて石とみられる円礫や鉄鏃が出土している。三重の環濠は居住域を遮蔽し、外部からの侵入に備えるための施設だったと考えられる。

しかし、洞ノ原地区西側丘陵では、これまでの調査で武器らしい遺物は出土していない。つぶて石の集積とされる遺構が報告されているが、弥生時代のものである保証がない。また、後期前葉の居住域は洞ノ原地区西側丘陵から離れた場所に広がっており（図24参照）、この環濠が

図34 ● 環濠土層の断面
きれいなV字形をしている。下部の黒い土が後期前葉の堆積。その上部の黄色い土からは後期中葉以降の土器が出土する。

「妻木晩田」村を防衛するための施設だったとは考えにくい。

洞ノ原地区西側丘陵にも竪穴住居跡がみつかっているが、いずれも環濠が埋没した後に建てられたものである。後期前葉の確実な遺構は掘立柱建物跡や土坑にも認められない。つまり、この環濠にかこまれた空間は広場のような状態だった可能性が高い。そして、近接する墳丘墓群と環濠の消長がほぼ一致することから、環濠にかこまれた広場は墳丘墓群と対をなす空間だったと考えることができる。

環壕がめぐる聖域

山陰地方には、特別な空間をかこう環濠を確認できる遺跡がある。島根県松江市にある田和山《たわやま》遺跡である。宍道《しんじ》湖に面した丘陵にあり、丘陵の斜面には、弥生時代中期後葉に機能していたとみられる三重の環濠がめぐっている（図36）。

三重の環濠がめぐり、近接する場所に墳丘墓を含む墓域があるなど、一見、尾高浅山遺跡とよく似ているが、田和山遺跡の居住域は環濠の外側にある。環濠にかこまれた丘陵の頂部にはたった一棟の掘立柱建物跡があるだけで、環濠はこの建物をかこうためにめぐら

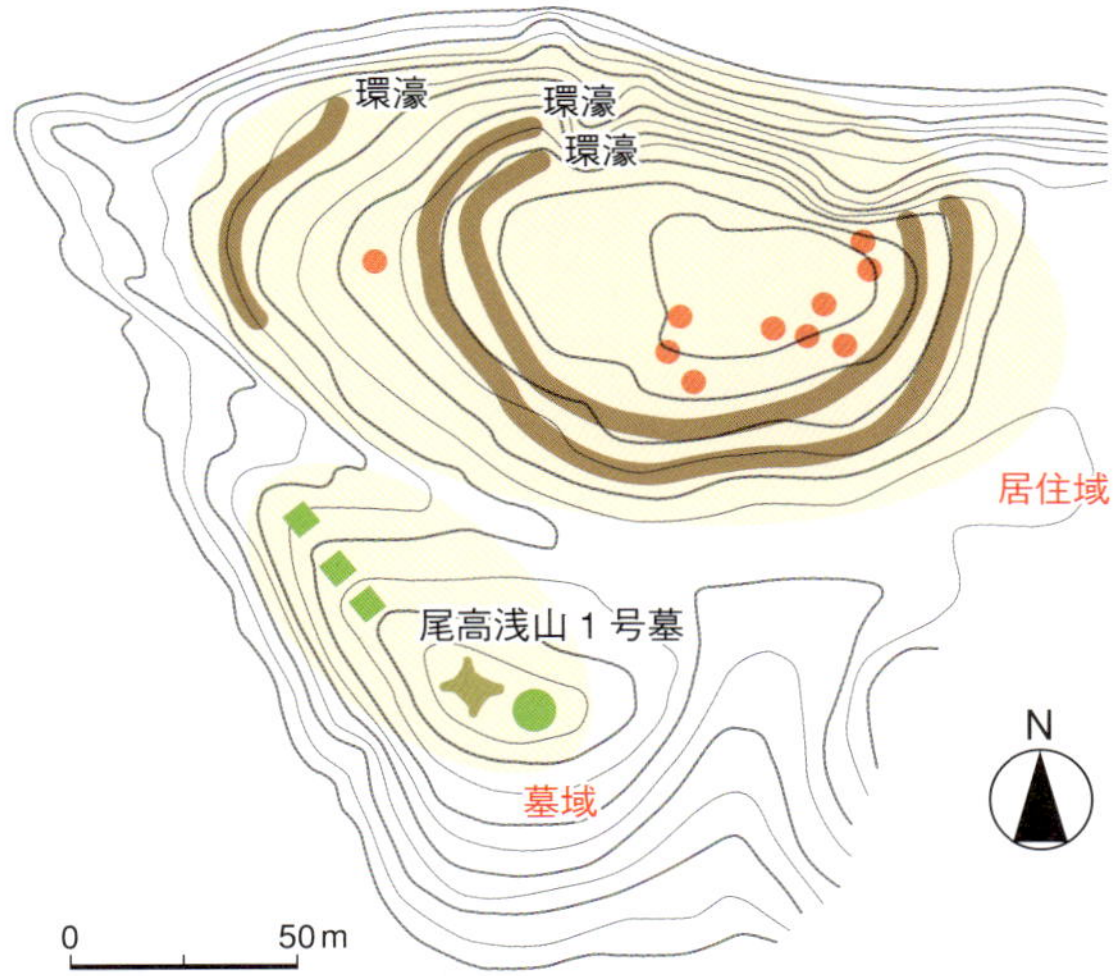

図35● 三重の環濠にかこまれた尾高浅山遺跡
弥生時代後期前葉に掘削された三重環濠にかこまれた丘陵の頂部には複数の竪穴住居がある。また谷をはさんで隣の丘陵には同時期に築造された四隅突出型墳丘墓がある。

されたものとみてよい。

この建物は、梁行一間、桁行一間の四本柱を基本とし、中心にも柱がある。三重の環濠にかこわれた空間に唯一存在する施設であることから、小型の高床倉庫などではなく、信仰の対象や祭祀にかかわる施設か、または特別に価値のあるものを収めた施設だったと考えたい。環濠にかこまれた丘陵の頂部は村の聖域だったのだろう。

洞ノ原地区の環濠内部も居住域ではない。「妻木晩田」村の洞ノ原地区西側丘陵も田和山遺跡に類似する空間だったと考えられる。墳丘墓の築造や環濠の掘削には相当の労働力が必要となる。環濠でかこまれた広場でどのような活動がなされていたのかはわからないが、こうした大土木事業を協働することにも人びとが結びつきを深める効果があったのではなかろうか。

そして、洞ノ原墳丘墓群における墳丘墓の造営や埋葬が終わり、西側丘陵をめぐる環濠も埋没するころ、妻木晩田遺跡には続々と新たな居住域があらわれる。いよいよ「妻木晩田」村は山陰地方最大規模の弥生集落となっていくのである。

図36 ● 島根県松江市の田和山遺跡
宍道湖を一望する丘陵を三重環濠がかこむ。丘陵頂部は狭く、平坦な地形も少ない。環濠のなかからはつぶて石とみられる礫が多量に出土しており、きわめて重要な場所だったことがうかがわれる。

第3章　山陰地方最大規模の集落へ

1　国邑への成長

弥生時代後期中葉（二世紀前半）になると竪穴住居跡と居住単位の数が増加する。そして洞ノ原墳丘墓群における墳丘墓の築造が途絶え、谷を隔てた仙谷地区に墓域が移動すると、それまで居住域として利用されていなかった洞ノ原地区東側丘陵も一部が居住域となる（図37上）。

この時期に特徴的な土器が出土している竪穴住居跡は約五〇棟、遺跡内の一三カ所に居住単位が存在する。後期前葉と同様に、竪穴住居跡数の多い居住単位は松尾頭地区と妻木新山地区に展開するが、第2章で中期後葉の絵画土器片が出土したことを紹介した松尾頭地区の3区や同1区がほかよりも規模の大きな居住単位となっている。

続く後期後葉（二世紀後半）には集落規模が急激に拡大し、「妻木晩田」村は最盛期をむかえる（図37下）。この時期に特徴的な土器が出土する竪穴住居跡は約一二〇棟、居住単位は

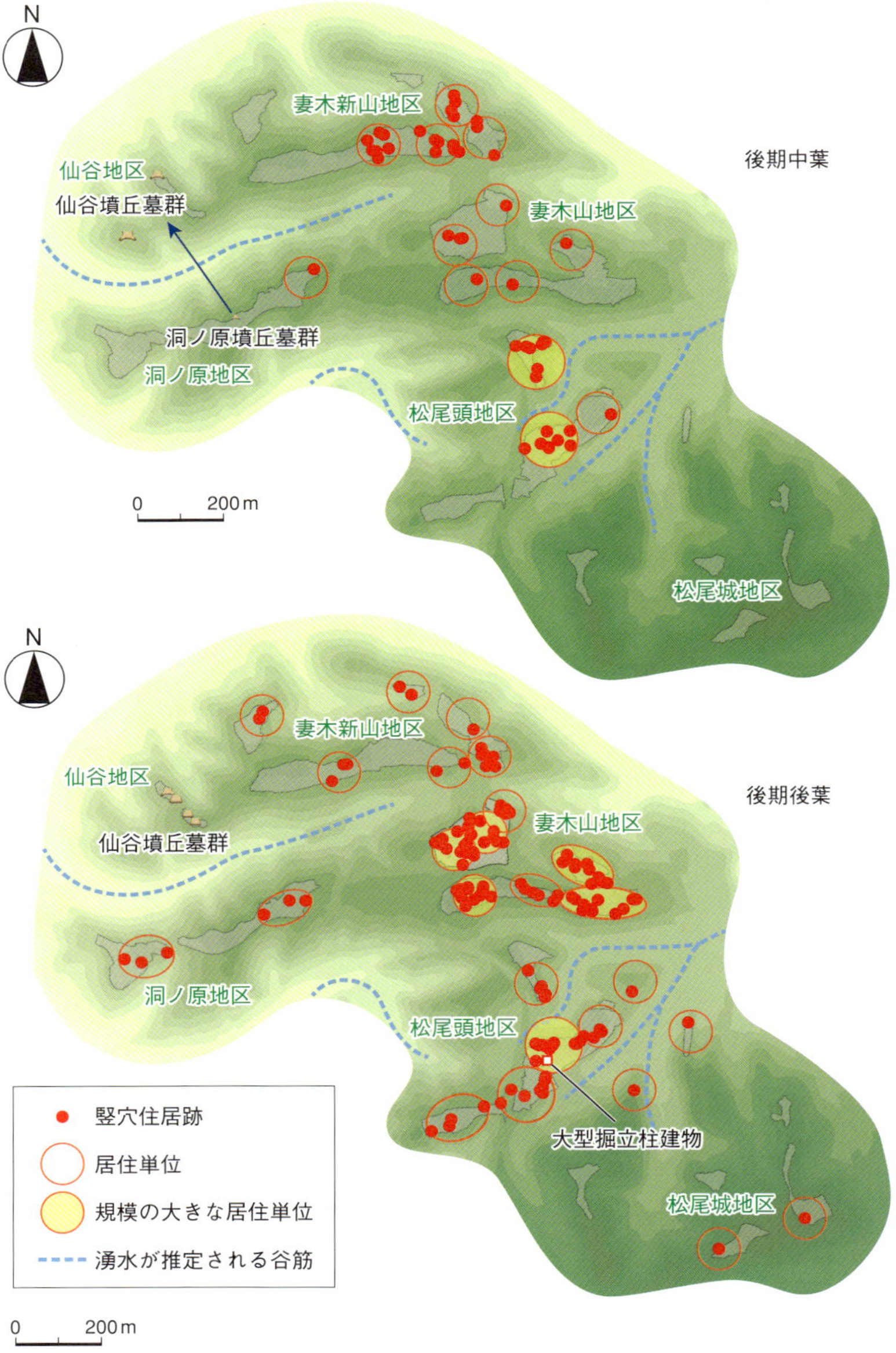

図37●弥生時代後期中葉・後葉の居住域
後期後葉に人口が増加すると、地形が急峻な松尾城地区にも生活する人びとがあらわれる。

二五カ所に増加している。妻木山地区、松尾頭地区で竪穴住居跡、居住単位の増加が著しい。洞ノ原地区西側丘陵と松尾城地区にも居住をはじめる人びとがあらわれ、遺跡全域に居住単位が広がっていく。また妻木山地区に竪穴住居跡数の多い居住単位が集中するが、松尾頭地区3区では遺跡内最大規模の掘立柱建物を建設するなど、ほかとは異なる動きがみえる。

「妻木晩田」村は、後期後葉になって山陰随一の大集落へと成長した。一つの居住単位におしなべて三～五世帯が暮らしていた仮定とすると、最盛期の「妻木晩田」村には最大で一〇〇前後の世帯が生活をしていたことになる。

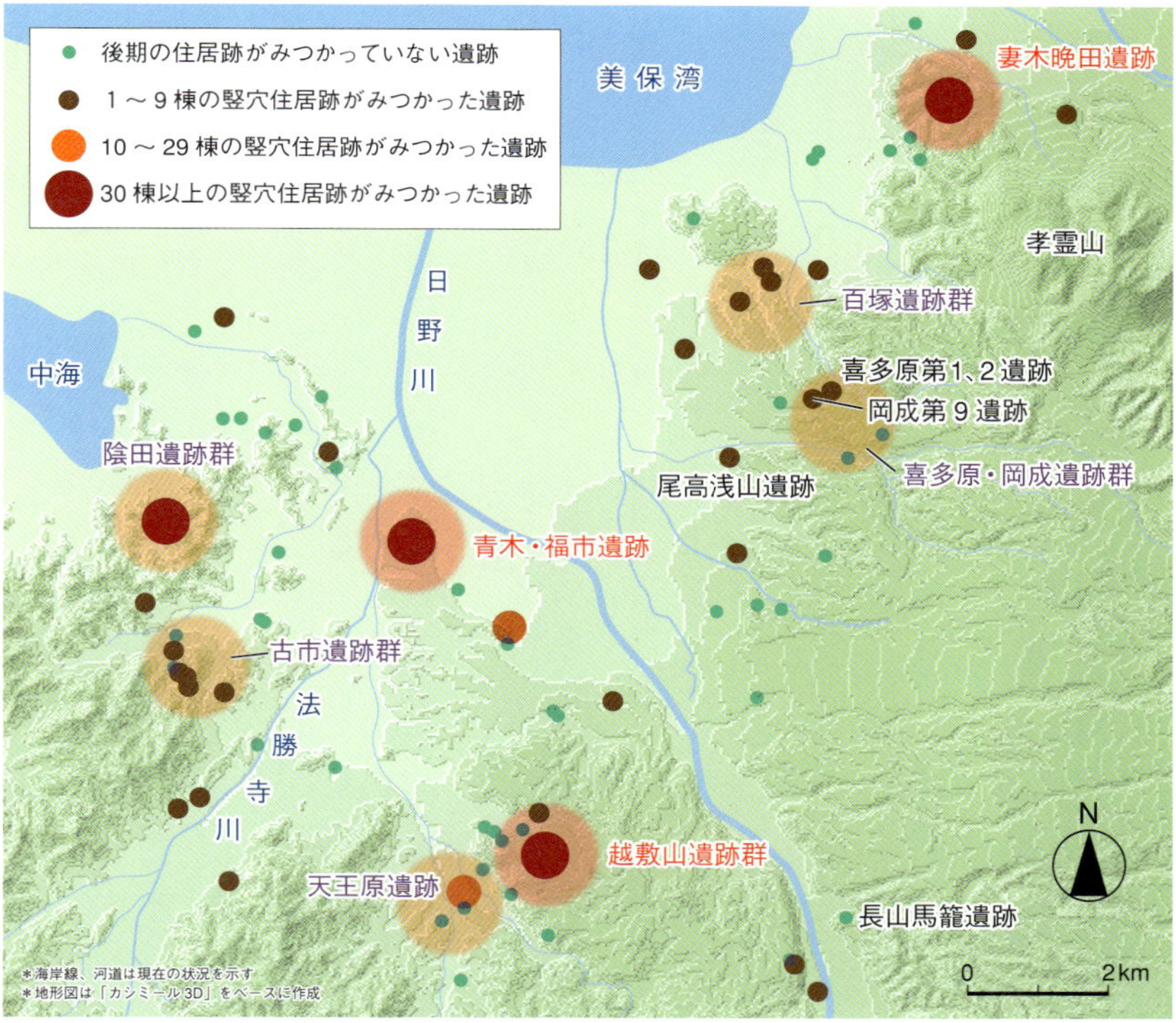

図38 ● 弥生時代後期における米子平野周辺の遺跡
茶色でかこんだ妻木晩田遺跡、青木・福市遺跡、越敷山遺跡群は大山山麓、日野川流域を代表する大規模な集落跡。橙色でかこんだ百塚遺跡群、喜多原・岡成遺跡群、陰田遺跡群、古市遺跡群、天王原遺跡にも複数の居住単位が複合する集落が存在したとみられる。

弥生時代後期後葉には、大山山麓の丘陵部に妻木晩田遺跡のほかにも大規模な集落があらわれる（**図38**）。第2章でもふれた日野川西岸にある越敷山遺跡群では、弥生時代中期から続く集落が後期前葉に一時姿を消すが、後期中葉にふたたび集落の形成がはじまる。後期後葉の越敷山遺跡群には四〇棟以上の竪穴住居があり、一六カ所の居住単位が確認できる。周辺には未調査地もあることから、「妻木晩田」村に匹敵する集落が存在したことは確実である。

弥生時代後期後葉はおおむね西暦二世紀後半に比定される。本書冒頭で引用した「魏志倭人伝」が西日本各地に「国邑」が存在したことを伝える時期である。妻木晩田遺跡や越敷山遺跡群は、弥生時代後半期の大山山麓に形をなした地域社会の中核となる集落だったと考えられる。

2 村の中枢となる居住単位

掘立柱建物跡からさぐる

本章では、こうした地域社会の中核となる集落の特徴を明らかにしようと思う。まずは掘立柱建物跡からさぐっていくことにしよう。

妻木晩田遺跡では、これまでの調査で約五一〇棟もの掘立柱建物跡がみつかった。掘立柱建物跡にはいくつかの種類がある。もっとも一般的なものは梁行《はりゆき》が一間で、桁行《けたゆき》が一間ないし二間の単純な構造をした小型の建物跡である。面積は一〇平方メートル程度で、住む家としては小さく、小規模な倉庫や作業用の小屋だったと思われる。

こうした建物跡には、第1章でみたように、竪穴住居と混在し一対一の関係性が認められ、個々の世帯が所有したとみられるものがある。一方、妻木晩田遺跡には居住単位の一角に小型の掘立柱建物が群をなすこともある。「妻木晩田」村には複数の世帯で倉庫などを共同で所有、管理する人びとがいたようだ。

さて、ここで注目したいのは、これらとは様子が異なる大型の掘立柱建物跡である。「妻木晩田」村の草分けの地、松尾頭地区の3区では、桁行が三間以上となる大型の建物跡がみつかっている（図39）。なかでも弥生時代後期後葉のものと考えられる建物跡は両側に庇をともなう。柱穴も大きく、かなり重厚な建物だったと考えられる。特別重要な物資を蓄える倉庫か集会施設、祭殿のような施設だろうか。いずれにしてもシンボリックな建物だったに違いない。

このような大型の掘立柱建物をともなう居住単位は「妻木晩田」村のなかでは最盛期の松尾頭地区3区にしかない。村のなかに大型の建物や特殊な構造の建物を所有・管理する人びとと、所有しないか所有できない人びとがいたようだ。

では、その違いは何を意味しているのか。また大型の建物はどのような機能をもち、所有する人びととはどのような役割をもっていたのか。大山山麓の他遺跡を検討しながら考えてみよう。

大山池遺跡の建物跡と二つの空間

大山東麓の丘陵にある倉吉市関金町《せきがねちょう》の大山池遺跡《だいせんいけいせき》（図70参照）は弥生時代中期後葉の集落跡である。ここでは調査区の北西側に竪穴住居跡と小型の掘立柱建物跡が分布し、南側に大型の

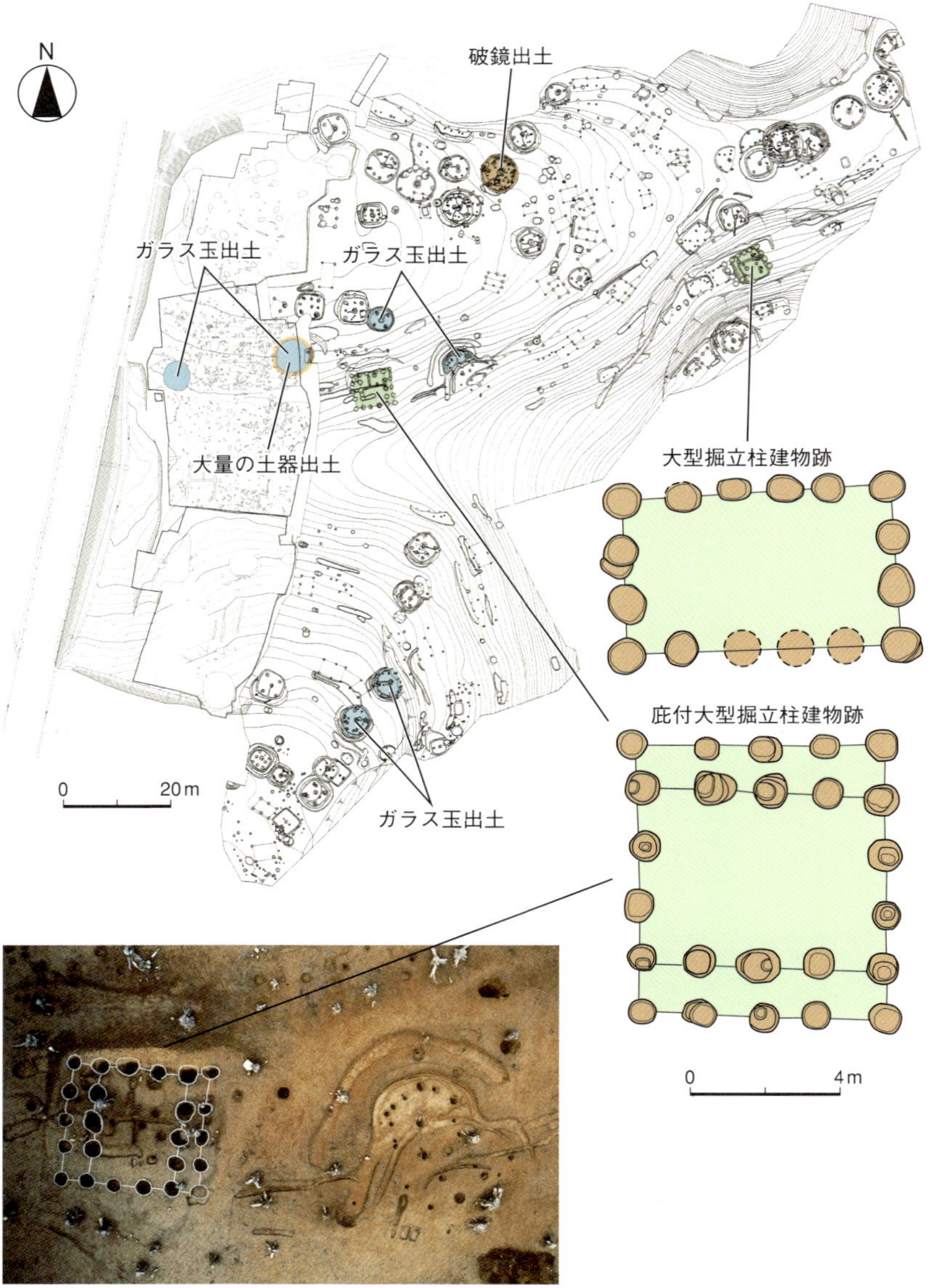

図39 ● 松尾頭地区3区と大型掘立柱建物跡
調査区の東側の斜面につくられた大型掘立柱建物跡も、庇付大型掘立柱建物跡に匹敵する規模の建物跡である。ただし、正確な時期がわからない。ガラス玉が多く出土することでも注目すべき居住単位である。

掘立柱建物跡などが群集している（**図40**）。

北西側の空間（A）には、竪穴住居跡と小型の掘立柱建物跡がそれぞれ二棟ある。小型の掘立柱建物を所有する数世帯がここで暮らしていたようだ。この空間は日常生活の場だったと考えられる。

一方、南側の空間（B）には、独立棟持柱をもつ掘立柱建物跡や庇付掘立柱建物跡などを含む掘立柱建物跡群がある。竪穴住居跡はないので、ここは居住の空間ではなさそうだ。この村に暮らす人びとが共有・共用する重要な建物があったとみたい。とくに独立棟持柱や庇付掘立柱建物は、この空間の核となる重要な施設だったとみられる。

茶畑山道遺跡の建物跡と祭祀遺物

第2章でみた茶畑山道遺跡でも、大型の掘立柱建物跡がみつかっている（**図41**）。独立棟持柱をもつ掘立柱建物跡は、柱穴の大きさや平面積がほかの建物跡とは一線を画している（**図26参照**）。そのかたわらにある

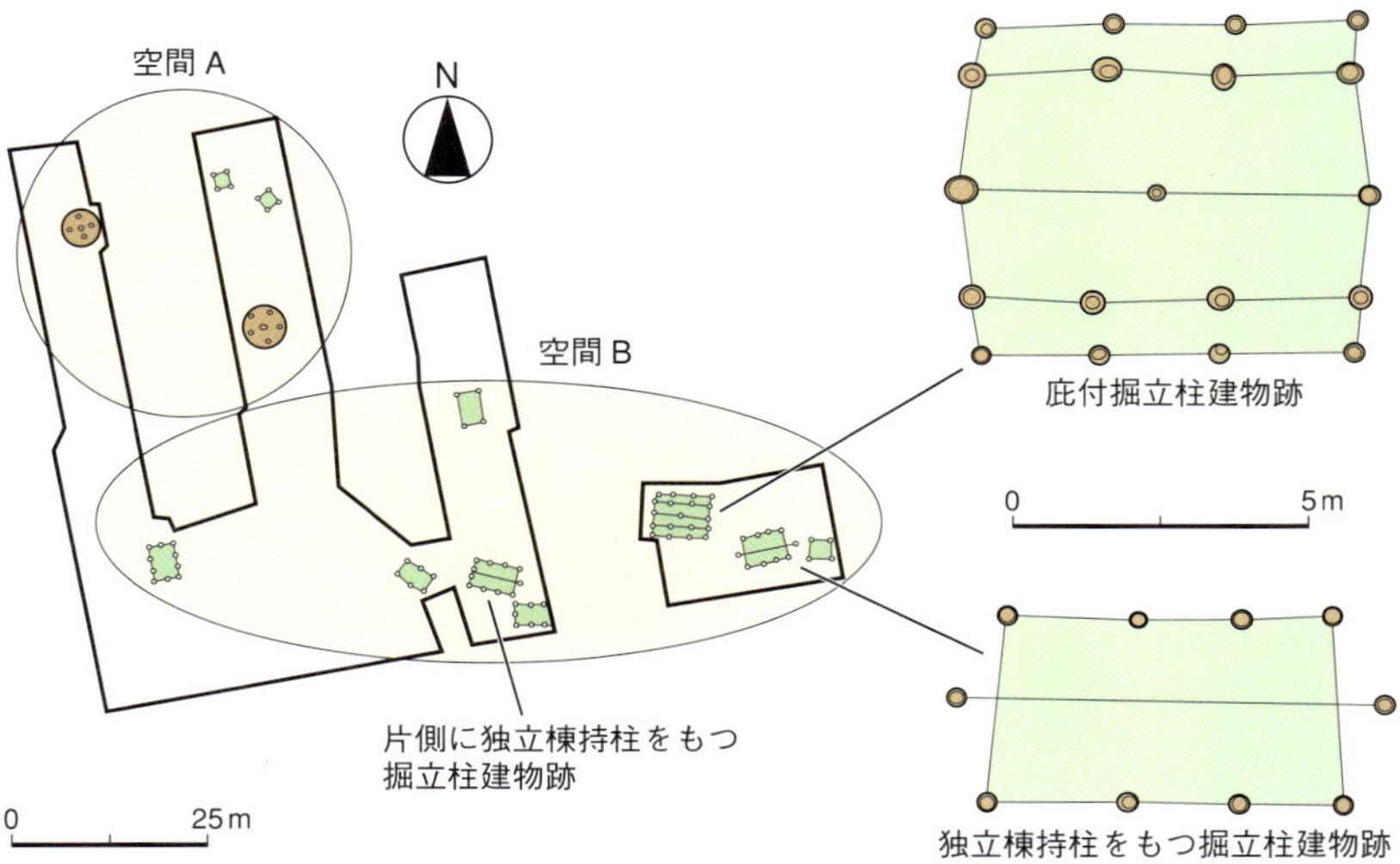

図40 ● **大山池遺跡と大型掘立柱建物跡**
大型の建物には棟持柱をともなう掘立柱建物が多い。調査区の周囲にどのような建物が展開しているのか気になる遺跡である。

円形の土坑から、赤く彩られた土器や外来系の土器が出土していることも注目される。また周辺からは、銅鐸形や分銅形の土製品も出土している（図42）。前者は銅鐸をかたどった小型の模造品で、後者は中国地方を中心に分布する人形土製品の一種で分銅型土製品とよばれている。いずれも弥生時代中期の祭祀遺物である。

こうした遺物は、茶畑山道遺跡において、独立棟持柱をもつ大型の掘立柱建物跡を核とする掘立柱建物跡群が村の祭場だった可能性を示唆している。独立棟持柱をもつ大型の掘立柱建物は村を象徴するモニュメントとして機能していたのだろう。やはりこの空間にも同時期の竪穴住居跡はない。大山池遺跡の南側も同様の空間と想定できよう。

鳥取県内で最大の弥生建築

伯耆町にある長山《ながやま》馬籠《まごめ》遺跡（図38参照）は、鳥取県西部の山間部を代表する弥生時代中期後葉の集落跡である。ここでは弥生時代のものとしては、現在、鳥取県内最大規模の建物跡がみつかっている（図43）。

この建物跡は棟が長く、桁行が六間もある。そして片側には庇を支えた柱列がならぶ。建物

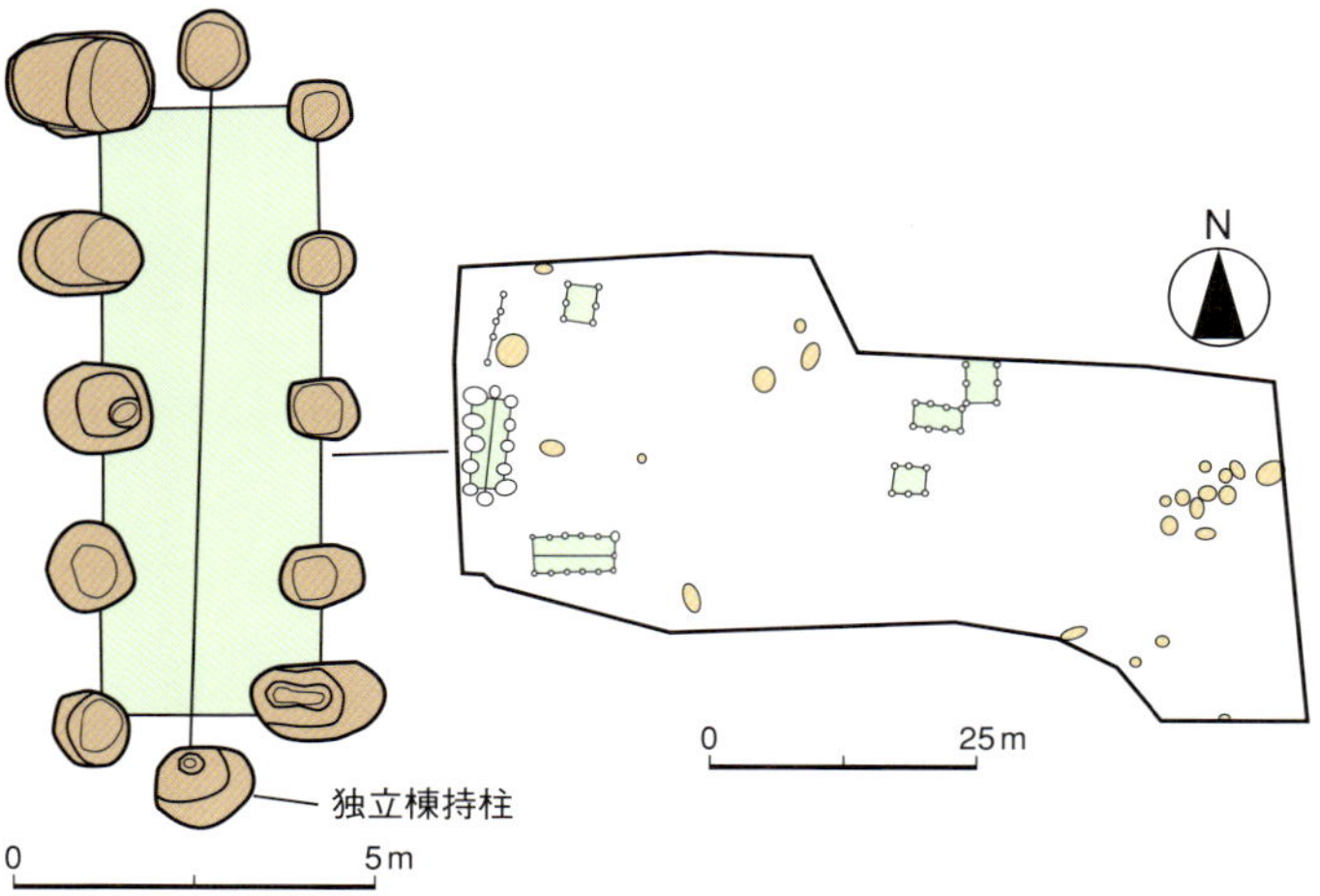

図41 ● 茶畑山道遺跡と独立棟持柱をもつ掘立柱建物跡
ここでも大型の建物には棟持柱がともなっている。この調査区からは土器類もたくさん出土している。近辺に居住の空間があるのだろう。

跡に絡んでいくつかの土坑があり、そのなかからは丹塗りの高坏、台付の甕、壺など儀礼用とみられる土器類が数多く出土している。祭祀にかかわる施設と考えられる。

また、一〇メートルほど離れた場所にある竪穴住居跡の床面から、漆塗りの壺や丹塗りの台付甕や高坏といった儀礼用の土器類、舶載品とみられる鋳造の鉄斧が出土している（図44）。鉄斧は鳥取県内に鉄器が十分に流通していない時代のもので、とても貴重なものである。こうしたものが廃棄されている状況は、茶畑山道遺跡の土坑と共通する。この竪穴住居跡も祭祀にかかわる施設だったのだろう。

庇付大型掘立柱建物跡のある空間

弥生時代中期の集落には祭祀空間があり、独立棟持柱や庇付大型掘立柱建物がその中心的な施設として機能していた。妻木晩田遺跡では、独立棟持柱をもつ掘立柱建物跡はみつかっていないが、松尾頭地区３区の庇付大型掘立柱建物跡は、大山池遺跡や長山馬籠遺跡の掘立柱建物跡と同一系譜にある建物と考えることができる。また、その北西側には大量の土器を廃棄した竪穴住居跡（図45）があり、長山馬籠遺跡でみたのと同様の祭祀がおこなわれていたとみられる。

図42 ● 茶畑山道遺跡出土の祭祀遺物
大型掘立柱建物跡の近くから出土した。左上は銅鐸形土製品の破片。そのほかは分銅形土製品の破片。魚を描いた絵画土器片なども出土している。

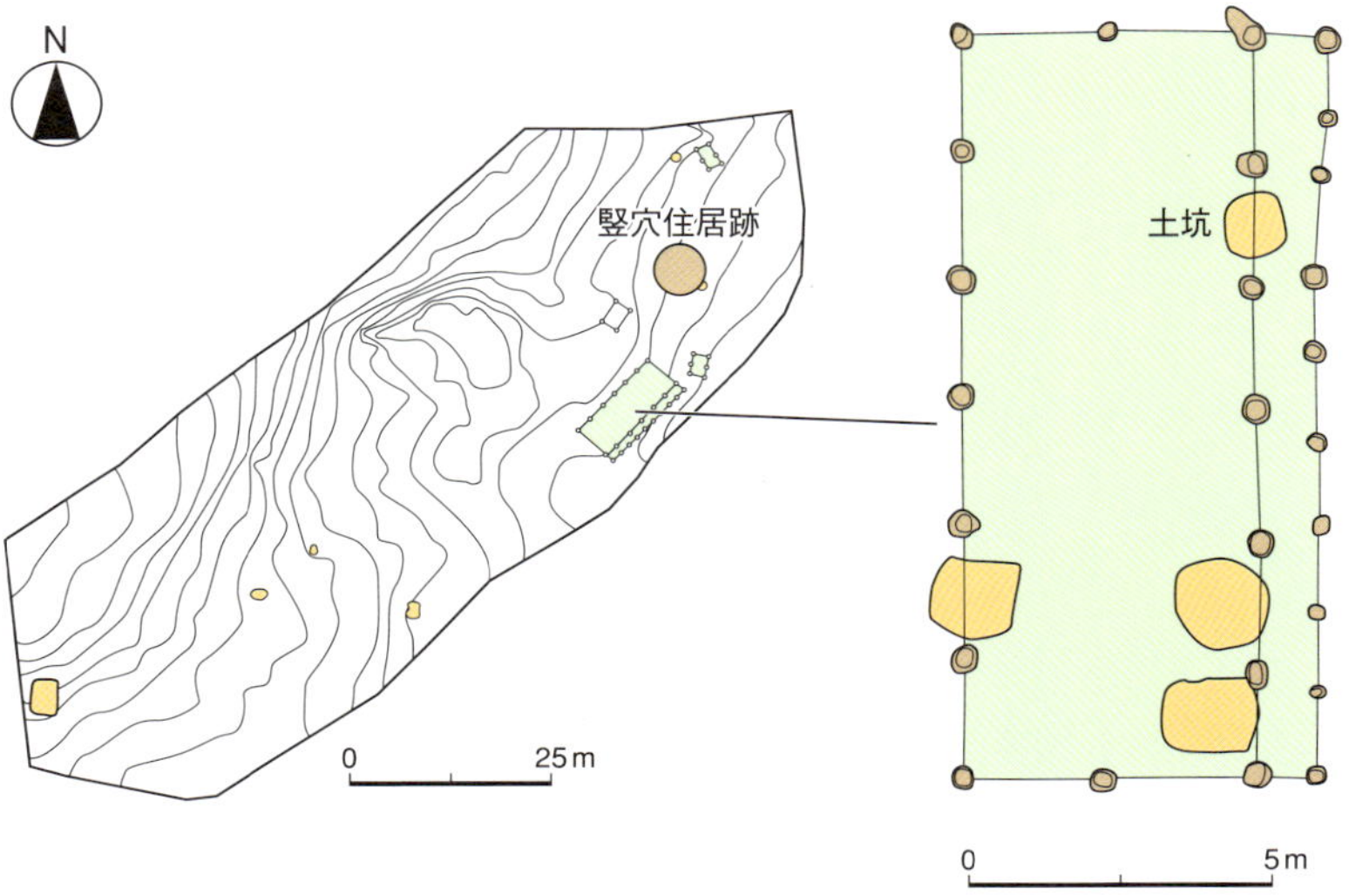

図43 ● 長山馬籠遺跡と大型掘立柱建物跡
梁行2間、桁行6間の棟の長い建物跡がゆるい斜面にある。この建物の柱間の土坑からは、ほぼ完全な形に復元できる土器がたくさん出土した。

図44 ● 長山馬籠遺跡の竪穴住居跡から出土した土器と鉄斧
直径6.3mの円形をした竪穴部にたくさんの土器が散乱していた。右の鉄斧は長さ約10cm、刃部の幅が約6cm。袋状鉄斧で、袋部に木質が残る。刃の片側がすり減っており、実用に供していたとみられる。

弥生時代後期前葉の「妻木晩田」村には、洞ノ原地区西側丘陵に環濠にかこまれた広場があった。当時、営まれていたすべての居住域と距離をおき、特定の居住単位との関係がみえないことから、各居住単位に暮らす人びとが共有する空間だったと思われる。

ところが後期中葉以降、この環濠は埋没し、洞ノ原地区西側丘陵は居住域になる。後期後葉に松尾頭地区3区にあらわれた庇付大型掘立柱建物は、環濠にかこまれた広場にかわる新たな村の象徴だったのではないか。

ただし庇付大型掘立柱建物は特定の居住単位のなかにあるので、ここに居住する人びとが所有、管理する施設だったと考える。おそらく「妻木晩田」村が大規模な集落へと発展する過程で、村人が共有する公的な空間や施設が失われ、それに相当する施設が特定の居住単位に付属するようになったとみたい。

では、庇付大型掘立柱建物を所有した特定の居住単位にはどのような人びとが暮らしていたのだろうか。

中国鏡の破片と大型竪穴住居跡

その謎を解く鍵が大型の竪穴住居跡から出土している。

図45●松尾頭地区3区の竪穴住居跡に廃棄された土器
大量の土器が廃棄されていた。このほかに鉄器が21点、ガラス玉が13点出土している（場所は図39参照）。

それは一片の銅鏡である（図46左）。

鏡片が出土したのは、松尾頭地区3区で最大規模（直径七〜八メートル）の竪穴住居跡（図39参照）。弥生時代後期後葉のあいだに何度も拡張や建て替えをくり返しており、たくさんの柱穴が床面に残っていた。数回の拡張や立て替えはめずらしくはないが、一〇回以上もくり返すものは特異である。規模も大きいことから一般的な家屋とは区別したほうがよさそうだ。

出土した鏡片は品質がとても良く、中国からの伝来品とみて差し支えない。また割れ口がていねいに磨かれていて、破片の状態で使用していたことがわかる。小さな鏡片といえども、所有者の権威をあらわすのに十分な効力を発揮していたに違いない。妻木晩田遺跡では銅鏡が破片も含めて三点しか出土していないので、この鏡を所有したのは、村のなかで特別な地位にあった人物だろう。弥生時代や古墳時代の遺跡から出土する鏡の多くは、呪術や祭祀の道具だったと推定されている。鏡を手中にした人物が村の祭祀をとりしきる姿が思い浮かぶ。

また、庇付大型掘立柱建物跡の周辺には、ガラス製の玉（図47）が出土する後期中葉〜後葉の竪穴住居が集中している（図39参照）。ガラスも海を渡ってもたらされた素材であり、だれもが所有し、身につけることができたわけではない。有力な人物の持ち物だったはずだ。松尾頭

図46 ● 松尾頭地区3区出土の破鏡（左）
後漢で製作された内行花文鏡とみられる。右側の鈕（ちゅう）は松尾城地区出土。

地区３区は村の有力者の居所だったと考えられる。

ただし、この居住単位から大型の掘立柱建物、存続期間の長い大型の竪穴住居、銅鏡やガラス製品を差し引いた姿は、ほかの居住単位と大きくは違わない。日常生活にかかわる家屋などのあり方には居住単位間に明確な差がみえないのである。「妻木晩田」村では、日常生活において村の人びとのなかに大きな差は生じていなかったようだ。

3　仙谷墳丘墓群

東側丘陵に築造された後期中・後葉の墳丘墓

洞ノ原墳丘墓群は、弥生時代後期中葉の土器が供献された洞ノ原八号墓を最後に中形墳丘墓の築造が途絶え、仙谷地区の丘陵にその後継となる墳丘墓がつくられた（図48）。深い谷をはさんで洞ノ原墳丘墓群と対峙し、村の始祖たちが眠る場所を強く意識しているかのようだ。

仙谷墳丘墓群には弥生時代後期中葉～終末期前半、そして古墳時代前期はじめに築造されたとみられる墳丘墓がある。墓域は二つの尾根に展開しており、東側丘陵に六基、西側丘陵に三基の墳丘墓がある（図49）。

図47●松尾頭地区３区出土のガラス製の玉
妻木晩田遺跡からは約40点のガラス玉が出土している。その７割が松尾頭地区の出土品。とくに松尾頭地区３区の大型掘立柱建物跡周辺はガラス玉が使用、廃棄されやすい環境にあったようだ。

はじめに東側丘陵に築かれたとみられるのは、尾根のもっとも海寄りに位置する仙谷3号墓である（図50）。弥生時代後期中葉の土器が出土しており、洞ノ原地区から仙谷地区へ墓域が移って最初につくられた墳丘墓で、洞ノ原8号墓に埋葬された人物の後継者が眠る墓と考えたい。

一方、仙谷2号墓、5号墓、6号墓、7号墓から出土している甕、壺、器台は、3号墓から出土している土器よりも口縁部に施された沈線の数が増加しており、よくみるとクシ歯状の工具や二枚貝を用いて施文されたものがある。こうした特徴は弥生時代後期後葉に一般的なものだ。東側丘陵では仙谷3号墓を筆頭に、その後、後期後葉に築造された墳丘墓が尾根の高い側にならぶ。

また、3号墓には方形、2号墓には四隅突出型の墳丘が採用されている。四隅突出型の墳丘が出雲地域との結びつきをあらわすモニュメントならば、妻木晩田遺跡における墳丘墓の墳形の選択には、その

図48 ● 仙谷墳丘墓群と洞ノ原墳丘墓群
中央手前が仙谷地区で、右が西側丘陵、左が東側丘陵。谷をはさんで奥に洞ノ原墳丘墓群がある。背後にみえるのは孝霊山。

時々にみる出雲地域との関係性があらわれているといえよう。この時期、鳥取県中部地域では四隅突出型の墳丘を採用した墳丘墓は少なく、方形の墳丘が優勢になる。仙谷墳丘墓群の時代には、出雲地域との結びつきが深い指導者もいた一方で、出雲地域との間に距離を置きつつ、鳥取県中部などにある近隣の集団との連携を重要視する指導者も存在したことを示唆している。

西側丘陵に築造された後期中葉の墳丘墓

一方、西側丘陵では、もっとも見晴らしのよい最高所に仙谷1号墓がある。仙谷1号墓は、妻木晩田遺跡で確認できる墳丘墓のなかでもっとも大きい。一辺が約一五メートル、高さは一メートル強、墳丘の四方に拳大から人頭大の円礫を貼り付け、四隅が明瞭に突出している。貼石が失われている部分もあるが、ていねいに石をならべている。残念ながら、埋葬施設の位置、形状、数などは明らかになっていない。

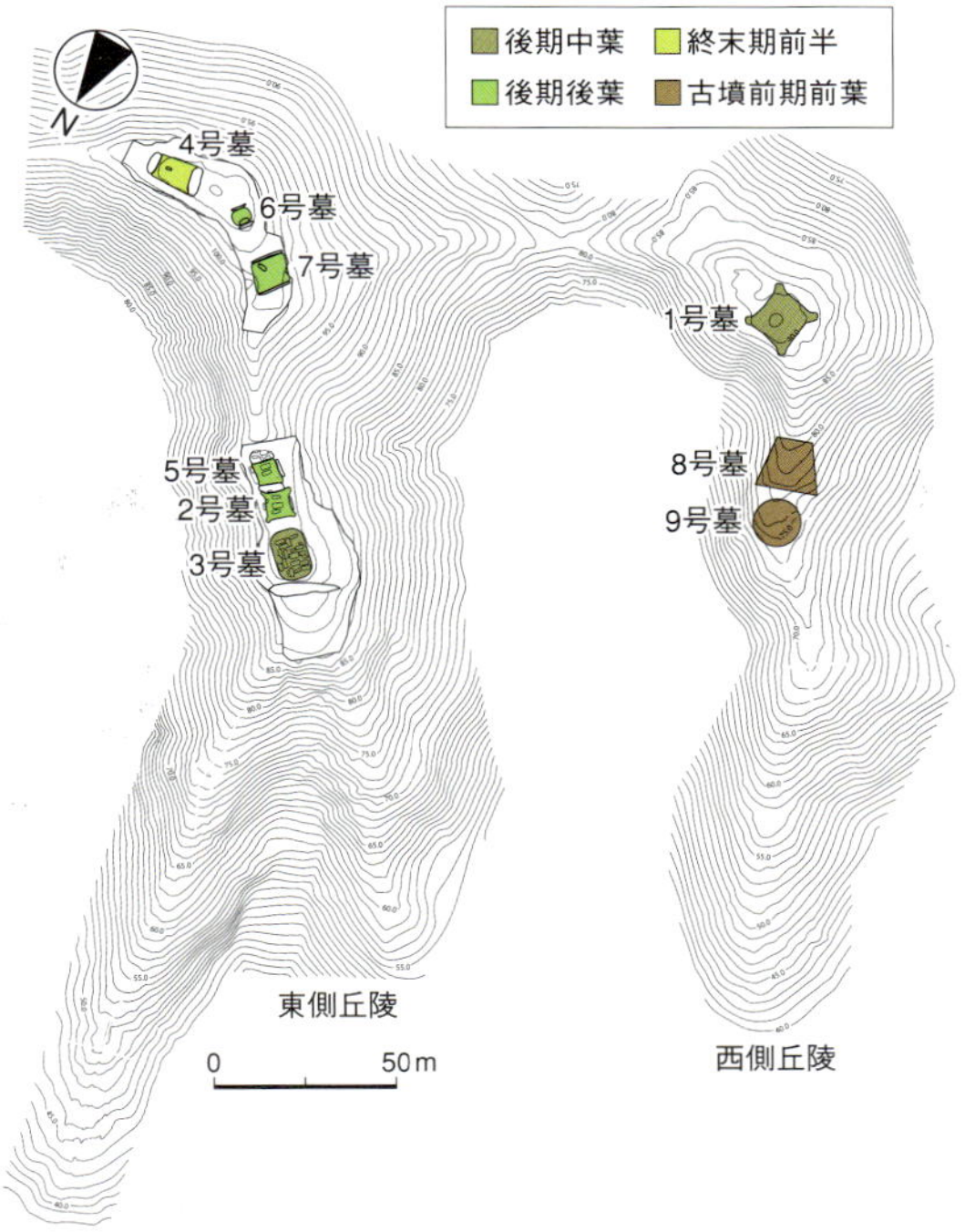

図49 ● 仙谷墳丘墓群
1・3号墓からは後期中葉、2号墓と5〜7号墓からは後期後葉、4号墓からは終末期前半の土器が出土。また8・9号墓は古墳時代前期前葉に築造されたものである。

過去の調査では、墳丘の裾部から弥生時代後期中葉に特徴的な土器片が数点出土しているが、口縁部に後期後葉の沈線文と同じような技法が用いられた口縁部片もある。これらの土器から仙谷1号墓の築造時期を正確に絞り込むことはむずかしいが、かぎりなく後期後葉に近い時期、つまり村が最盛期を迎える少し前に築造されたと考えるのが妥当である。

墳丘の規模が墓の主の実力を反映しているとみるならば、遺跡内最大規模の墳丘墓が、最盛期を迎える直前に築かれていることには大きな意味がある。想像力をたくましくすれば、仙谷1号墓に眠る人物こそが、山陰随一の規模を誇る大集落へと「妻木晩田」村を導いた立役者であり、最盛期の村を統治したのはその後継者たちではなかったのか。四隅突出型の墳丘が採用されていることから、この墳丘墓の主は出雲地域と関係を背景に、強力なリーダシップを発揮していたのではないだろうか。

墳丘墓に供献された土器

仙谷墳丘墓群では、東側丘陵に築造された各墳丘墓から、たくさんの土器が出土している。

図50 ● 仙谷3号墓
東側丘陵の端部に築造された。墳丘の裾部に人頭大の礫がならぶ。
多くの埋葬施設が長軸に対し直交する方向に掘削されている。

死者を弔う葬送の儀礼などに使用されたもので、供献土器とよばれる。

仙谷墳丘墓群から出土した供献土器には甕、壺、器台、高坏、鉢がある。居住域から出土する土器にくらべてつくりがていねいで、波状に描かれた細い沈線や赤色の顔料で飾られたものもある。器台は甕や壺をのせる台として使用された土器で、大型品と小型品がある。

とくに仙谷５号墓は供献土器が充実しており、脚部に見事な透かしのある器台などが出土している（図51）。ひときわ大きな器台には重要なものをおさめた甕や壺が置かれていたのだろう。また、壺には頸がすぼまったものや、把手《とって》の付いたものがある。液体を注ぐのに適した形をした壺に酒などの飲み物を入れ、高坏や鉢に食べ物を盛り、墳丘の上で儀礼の参列者たちが死者をしのぶ飲食をおこなっていたのかもしれない。

埋葬施設の数

調査中に保存が決まった洞ノ原墳丘墓群では埋葬施設の様子がわからないが、仙谷地区の東側丘陵にある仙谷２・３・５号墓はすべてを発掘しているので、埋葬施設のことがくわしくわかる（図52）。興味深いの

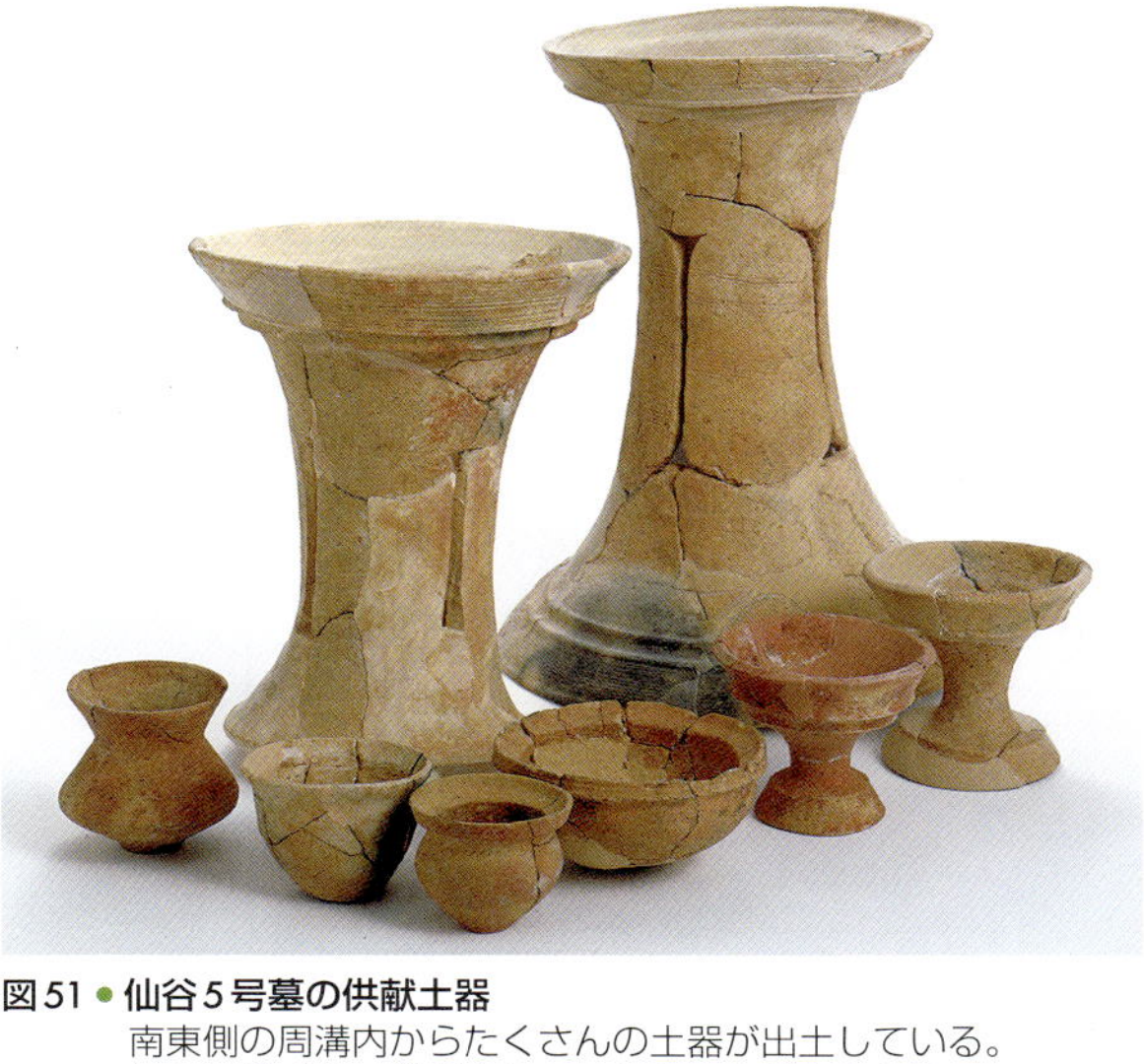

図51 ● 仙谷５号墓の供献土器
南東側の周溝内からたくさんの土器が出土している。
もとは墳丘上に供献されていたものと考えられる。

は、弥生時代後期中葉に築造された仙谷3号墓と、後期後葉に築造された仙谷2号墓、5号墓の埋葬施設の数の違いである。

　仙谷3号墓には全部で二二基の埋葬施設がある。墳丘の中心にある埋葬施設に築造の契機となった人物が葬られているのだろう。箱式木棺の痕跡を残す墓壙は二段に掘削されており、ほかよりも規模が大きい。墓壙の直上に土器を供献した痕跡もあり、ほかとは区別できる。

　しかし、仙谷3号墓の墳丘上には、ほかにも埋葬施設がたくさん設けられている。そのさまは、中心の埋葬施設に葬られた人物とその関係者、おそらく血縁関係にある身近な人たちの墓を思わせる。家長を中心に構成された家族墓といってもよかろう。

　一方、仙谷2号墓の墳丘上には三基、5号墓の墳丘上には二基の埋葬施設しかない。しかも、仙谷2号墓では中心にある埋葬施設が、両脇の埋葬施設よりも明らかに大きい。さらに、中心

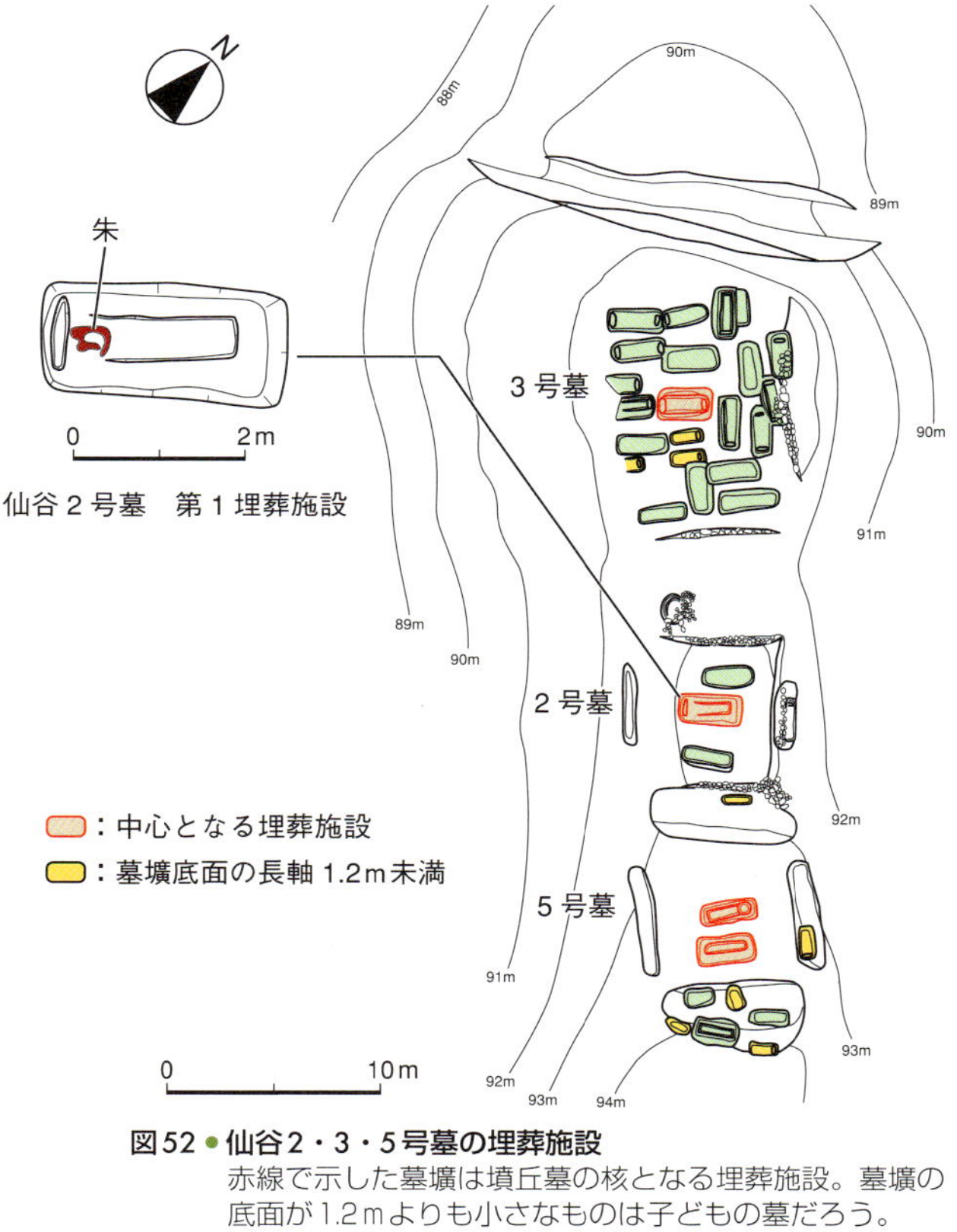

図52 ● 仙谷2・3・5号墓の埋葬施設
赤線で示した墓壙は墳丘墓の核となる埋葬施設。墓壙の底面が1.2mよりも小さなものは子どもの墓だろう。

の埋葬施設には棺の片側に朱が確認されている。その位置は頭部をあらわしており、他の埋葬施設と確実に区別できる。また、仙谷5号墓には長さを同じくする二基の埋葬施設が墳丘の中央部にならぶ。

どうやら「妻木晩田」村の墳丘墓では、弥生時代後期中葉から後葉にかけて、墳丘上に埋葬される人の数が絞り込まれ、複数埋葬から特定の人物に限定された埋葬へと変化している。村が最盛期をむかえるころ、墳丘墓は社会的地位の高い個人墓的な性格を強めていくのだろう。

子どもの墓の行方

洞ノ原墳丘墓群（**図28参照**）には子どもの墓とみられる小型の墳丘墓が多くある。ところが、仙谷墳丘墓群には、小型の墳丘墓が存在しない。子どもの墓はどこへいったのか。

家族墓とみられる仙谷3号墓の埋葬施設二二基のなかには、底面の長さが一二〇センチ未満の木棺が三つある。膝を折り曲げても大人には窮屈なサイズなので、子どもが葬られている蓋然性が高い。仙谷3号墓には大人に混じって子どもも埋葬されていたようだ。

一方、個人墓的な性格を強めた仙谷2号墓では南東側の周溝に底面の長さ一二〇センチ代の墓壙が、仙谷5号墓にも南東側の周溝に底面の長さ一二〇未満の小さな墓壙がある。木棺の有無はわからないが、これらも子どもの墓だろう。すると仙谷2号墓や5号墓では子どもの墓が墳丘の外側に押しやられていることになる。墳丘墓が有力者の個人墓的な性格を強める過程で、子どもの社会的地位や死後の扱いに変化が生じていることがうかがわれる。

4　鉄器の製作と流通

多量の鉄器

鉄器や鉄片などが四〇〇点以上も出土していることも妻木晩田遺跡の大きな特徴だ（図53）。出土した鉄器には、鉄斧、ヤリガンナ、刀子《とうす》、鑿《のみ》、穿孔具《せんこうぐ》といった木材の加工などに用いられる小型の工具類が多い。こうした工具を使用して、竪穴住居や高床倉庫に用いる建築部材を加工したり、生活に必要な容器や農具などを製作していたのだろう。

「妻木晩田」村が最盛期を迎える弥生時代後期後葉には、鋤（鍬）先に用いる鉄の刃も出土するようになる。鉄の刃先を得たことで、農作業の効率、生産力は飛躍的に向上したはずである。それまで開墾できなかった土地も利用できるようになったかもしれない。鉄器の使用は、人びとの生活水準を高め、大規模な集住を実現する力となったのである。

山陰地方における鉄器の普及

山陰地方では、弥生時代前期の終わりから中期のはじめに

図53 ● 妻木晩田遺跡から出土した代表的な鉄器類
丘陵の遺跡から出土する鉄器は厚い錆に覆われているものが多い。
形状がわかりにくいものは、X線で内部を透過し、器種を調べる。

かけて鉄器の使用がはじまる。鳥取市青谷町の狭い平野の中央部にある青谷上寺地遺跡には、山陰地方でいち早く鉄器を手にした人びとがいた。中期中葉〜後期の地層からは、鋳造された鉄斧の破片や素環頭《そかんとう》刀子といった舶来の優品（図54）と、鉄器で細工した見事な木製品や骨角器が数多く出土している（図55）。

しかし、弥生時代中期に鉄器を保有した遺跡は限定的で、後期中葉以降に普及する鉄器もおもに加工具や鏃などの武器、小型品であった。早くから鉄器を使用している青谷上寺地遺跡でも、弥生時代後期や古墳時代前期の地層から伐採用の石斧が出土している。後期から終末期にかけて鉄器は生活道具の主役の座に躍進するが、木材伐採には依然、石斧が活躍していたのである。

大山山麓の一帯に鉄器が安定して流通するようになるのは、弥生時代後期中葉をまたなければならない。しかし、妻木晩田遺跡では後期前葉の遺構からも一定量の鉄器が出土している。袋状鉄斧、ヤリガンナ、刀子、鏨、穿孔具、鉄鏃など、種類も充実している。ほかよりも早く鉄器の使用が本格化していることが注目される。

では、「妻木晩田」村の人びとが使用していた鉄器はどこで生産されたものだろうか。袋状鉄斧には、袋部を成型する

図54 ● 青谷上寺地遺跡出土の舶来鉄器
日本海交易の拠点としてにぎわったこの遺跡からは、朝鮮半島などから持ち込まれた良質の鉄器が数多く出土している。

さいに端部を折り返して、強度を高めているものがある。こうした加工には高度な技術が必要である。このような袋状鉄斧は北部九州で多く出土しているので、九州からの搬入品と考える説もある。

一方、妻木晩田遺跡からは、鉄器製作の過程で生じる不定形な鉄片が出土している。時期を特定できないものも多いが、こうした資料はこの遺跡で鉄器が生産されていたことの証しである。簡単な折り曲げや切断によって製作できる小型の鉄器の多くは、「妻木晩田」村で生産されたものだろう。

なお、鉄器と密接な関係にある石器がある。鉄器の刃を研ぎ直すために使用された砥石だ(**図56**)。妻木晩田遺跡からも使い込まれた砥石が出土している。第2章でみた日野川西岸の丘陵上にある越敷山遺跡群では、弥生時代後期中葉から後葉の住居跡一棟につき一、二点に相当する量の小型砥石が出土しているという。小型の鉄器が各世帯レベルに普及していたことがうかがわれる。

図55 ● 青谷上寺地遺跡出土の木製容器
低湿な環境に埋没していたので保存状態がよい。鉄器を利用した精巧な細工が随所にほどこされている。

日本海交易とネットワーク

弥生時代には、製鉄をおこなっていたことを示す確実な遺構がみつかっていない。山陰地方で生産された後期の小型鉄器の多くは、中国や朝鮮半島で生産された鉄を素材にしていた。そうした貴重な鉄を得るには、供給元へ連なる流通のネットワークに加わる必要があったと考えられる。

山陰地方では弥生時代中期から後期前葉の遺跡における鉄器のあり方に大きな偏りがある。青谷上寺地遺跡や妻木晩田遺跡は、おそらく早くから鉄材流通網に参入し、貴重な鉄を獲得していた数少ない集落だった。

鉄の供給元は遠隔地にある。潤沢に鉄器や鉄材を得るには、供給元、または供給を中継する有力集団との間に強固な関係を築く必要があった。鏡などの希少な器物や、さまざまな有益な情報も、こうしたネットワークを行き交ったことが予想される。

「妻木晩田」村が山陰地方屈指の大規模集落へと成長するためには、こうしたネットワークのなかで交渉力を発揮する有力者が必要とされた。そして、彼らが手中にした鉄器が村の新時代を切り拓いたのである。

図56 ● 妻木晩田遺跡から出土した砥石類
使い込まれた砥石が多い。鉄斧や刀子、鑿など工具類の刃を研ぐために使用されたものだろう。

第4章　「妻木晩田」村の終焉

1　集落規模の縮小

終末期前半にみる竪穴住居跡の減少

弥生時代終末期前半（三世紀前葉）の土器が出土する竪穴住居跡は約二〇棟しかみつかっていない。居住単位の数も九カ所に減少している。その数は最盛期をむかえた後期後葉の半分にもみたない。集落の規模が大幅に縮小していることは一目瞭然である（図57）。

新興の居住域でもともと居住単位の数が少ない松尾城地区に大きな変化はないが、洞ノ原地区では西側丘陵の利用が途絶える。後期後葉まではつねに四カ所程度の居住単位が存在していた妻木新山地区にも、終末期前半に埋没した竪穴住居跡は一棟しか確認できない。最盛期に村の中枢として機能していたはずの松尾頭地区や、もっともにぎわいをみせていた妻木山地区でも、竪穴住居跡と居住単位の減少が著しい。

また大型の建物跡をともなう居住単位もなくなる。竪穴住居跡の数をよりどころにするならば、妻木山地区に居住する集団が最大勢力となっている様子がうかがわれるが、最盛期とくらべると集落の核となる居住単位が不明瞭になる。

「時間のものさし」としている土器の一型式には三〇～五〇年ほどの時間幅をもたせているので、後期後葉のあいだにも世帯数の変化があったとみると、「妻木晩田」村の世帯数は後期後葉にピークをむかえた直後から減少に転じ、終末期前半に底を打ったと考えられる。いったい何があったのだろうか。

食糧問題が原因だったのか

弥生時代における人口の増加、そして集団規模の拡大は、大陸から伝わった水

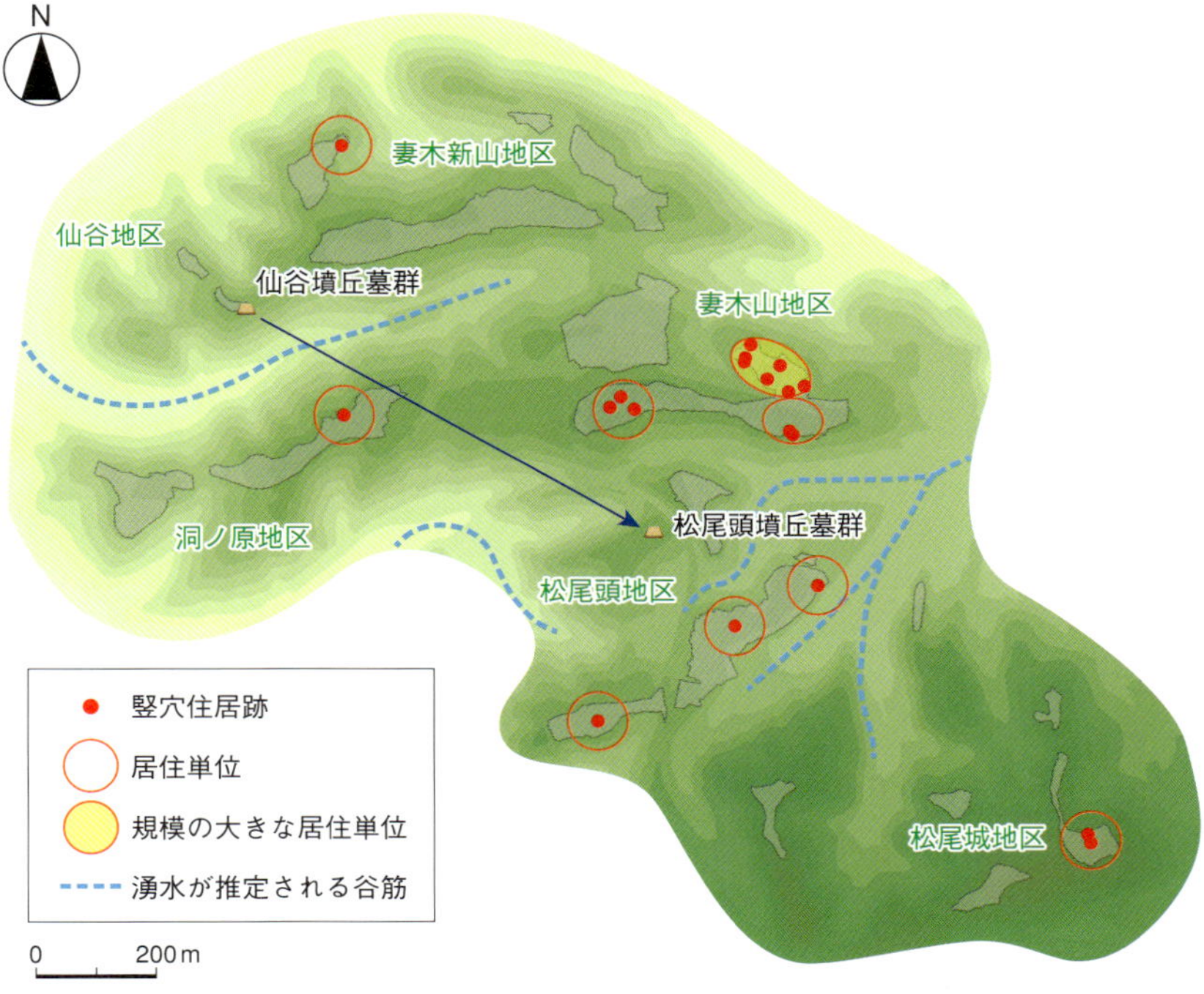

図57 ● 弥生時代終末期前半の居住域
2013年に実施された発掘調査で、松尾頭地区の１区の西側に終末期前半の土器をともなう新たな墳丘墓が確認された。

稲耕作に代表される農耕の発展によるところが大きい。一定の技術水準に達した農耕が、より安定した食糧生産を可能にしたのである。

妻木晩田遺跡内に田畑の痕跡はみつかっていないが、食糧の多くを外部に頼っていたとは考えにくい。丘陵下に広がる淀江平野や阿弥陀川流域の扇状地で水田を営み、丘陵部では居住域のそばに畑を耕していたのではないかと思われる。竪穴住居跡などから、炭化したコメ、アワ、キビ、マメなど水田や畑で栽培された植物の種子が出土している（図58）。

そして農耕への依存度が高い集落では、人口の増加が新たな耕地を開き、安定した食糧生産を持続する原動力となったと考えられる。とくに水害のリスクが低く、地力のある耕地の獲得は重要課題であった。しかし、そうした条件を満たす土地は無限にあるわけではないので、食料生産の増加には限界があった。

それでも適正な人口を維持できれば、食糧不足を回避できるし、食糧事情を圧迫する余剰人口は集団の分立によって解決することもできるので、食糧生産力の限界は集落規模の縮小に直結しない。終末期前半の世帯数の減少は、別の理由によると考えたほうがよさそうだ。

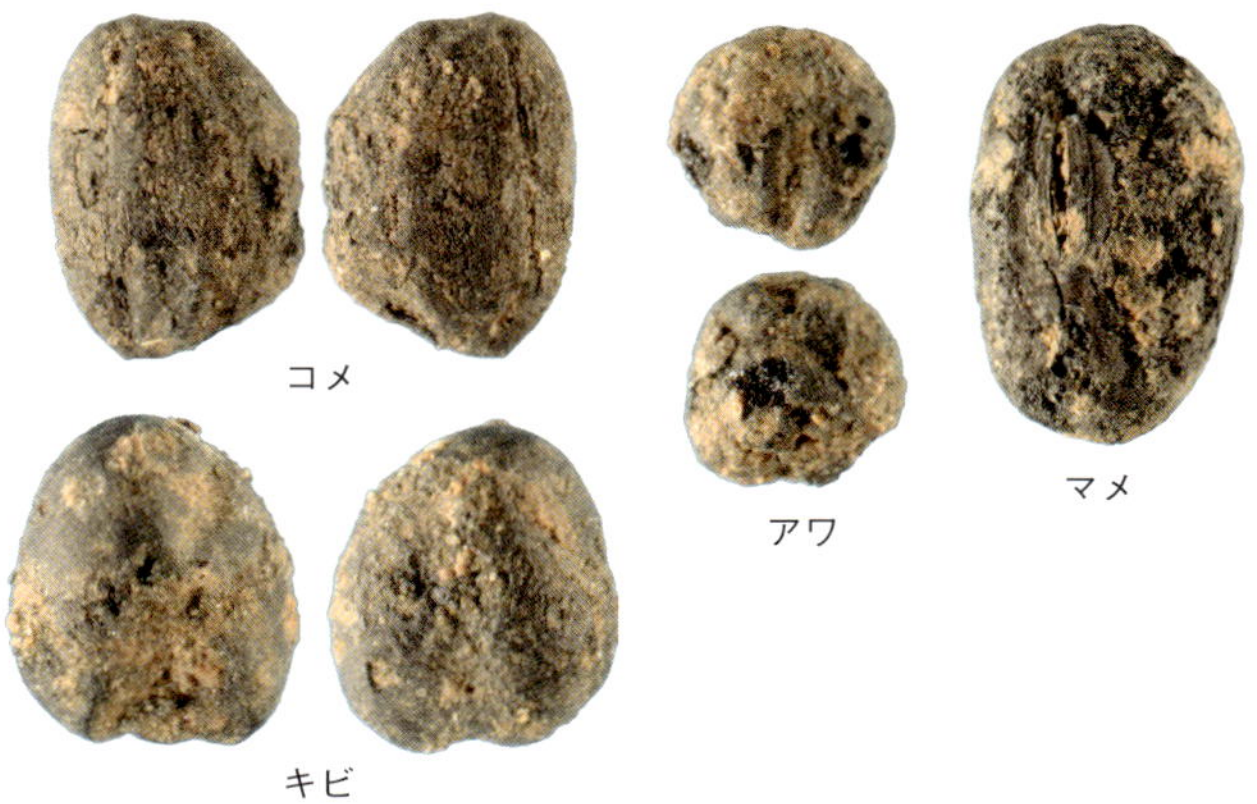

図58 ● 松尾頭地区出土の炭化種実コメ・アワ・キビ・マメ
「妻木晩田」村の主要作物。ほかにモモ、スモモ、コナラ属、ブドウ属の炭化種実がよく出土する。居住域周辺で採取できる植物も食材として利用されていた。

山の上に暮らす利点

山の上での暮らしは移動がたいへんで、不便に感じられる。遺跡を見学に訪れた子どもたちから「弥生時代の人たちは、なんでこんな場所に住んだの」と聞かれることがある。

ところが、大山山麓で後期後葉に大規模な集落を形成する遺跡は、どれも丘陵の上にある。戦国時代の山城のイメージを重ね合わせると、争いへの備えが丘陵上に暮らす動機となりうるが、「妻木晩田」村には集落の全体をかこむ濠がなく、戦闘や防衛の痕跡が希薄である。弥生時代の地域社会にひそむ集団間の緊張関係だけでは、丘陵の上に長く大規模な集落を営んだ理由を説明できそうにない。

弥生時代中期後葉から後期前葉に新たな集落をつくる際に、付近に先行する集落が少ない丘の上を選ぶことで、土地や資源をめぐる他集団との争いを回避したのではないかという説も第2章で述べたが、さらに考えてみると、山の上ならではの利点もあったのではないか。

それは集住に適した環境である。中期後葉には小規模な集落だった「妻木晩田」村が、その後、山陰地方を代表する大規模な集落となるには、山の上にこそ、多くの人口を養い、集団規模の拡大を後押しする好条件が備わっていたとみたほうがよい。

丘陵は地盤が安定しており、平野部のように洪水などの水害にみまわれるリスクも少ない。また、多くの人が暮らすためにはたくさんの生活資源が必要だが、居住域の周囲には豊かな森が広がっている。ガスや電気のない時代に集落近傍の森林は、日々の生活に欠かせない燃料資源や家を建てるための木材を供給した。このことが丘陵に暮らす大きな魅力だったと考える。

竪穴住居とクリの木

妻木晩田遺跡には、梁や垂木《たるき》とみられる炭化した木材が出土する竪穴住居跡がある（図59）。失火で焼けたり、建物を廃棄する際に火をかけたもので、「焼失住居」とよばれている。

状態のよい炭化木材は顕微鏡による観察で樹種を同定できる。これまでの分析によると、「妻木晩田」村の住居にはクリやスダジイを用いたものが多い。硬く、耐久性に富む木である。

「妻木晩田」村では建物の柱を素掘りの穴に立てていたので、木材の耐久性は軽視できない。いくら丈夫な木材でも、土にふれている部分は傷みやすい。妻木晩田遺跡の竪穴住居跡には、柱穴だけを、数回、掘り直しているものがある。古くなった柱を交換した痕跡である。傷むのは柱だけではない。屋根の骨格となる「扠首《さす》」なども必要に応じてとり換えなければならない。

建物を長く保つためには、たくさんの建材が必要となる。そのため「妻木晩田」村のような大規模集落では、資源の枯渇を防ぐためクリなどの有用な樹木を適切に管理し、計画的に伐採していたのではないかと思われる。

図59 ● 妻木山地区の焼失住居
焼け落ちた垂木の上に炭化したカヤの束と赤く焼けた土がかぶさっている。屋根に土をのせた土葺きの竪穴住居だったとみられる。

森林資源の管理と枯渇

竪穴住居をつくるには、芯の通った良質の木材がたくさん必要である。竪穴住居の屋根を形づくる扠首には四メートルを超える長い木材が必要となることもある（図60）。

しかし、スギなどの針葉樹と違って、長く、まっすぐに成長したクリの木をみつけることは簡単でない。自然林のなかでは、樹木同士が日光を求めて競うように生育するため、幹が曲がりやすいからだ。建材に適した木を効率的に得るには、樹形を乱す不用な枝を払い、周囲に茂る樹木をとりのぞいて日当たりを確保するなど、管理しながら育成するのが手っ取り早い。

発掘調査でみつかる柱穴には直径三〇センチほどのものが多く、直径一五～二〇センチの木材を柱として使用していたとみられる。このくらいの太さに育ったクリが柱に使用されるために伐採の対象となったのだろう。そして、伐採の翌年、切り株から新たな芽がでる。「妻木晩田」村の人びとは、この「ひこばえ」を新たな木へと育てながら、伐採の適期がおとずれるまでは食料となるクリの実を得ていたのではないか。クリを有効に利用する仕組みをつくり、食糧と建材の供給源を再生産していたと考えたい。

ところが、急激に人口が増加すると、多量の森林資源を消費する。すると森林資源の回復力が人口の増加に追いつかなくなる。弥

図60 ● 復元竪穴住居の骨格
柱を立て、梁をのせた後、長い扠首を斜めにかけて、屋根をかたちづくる。

生時代後期後葉にピークをむかえる人口の増加がある一線を越えたとき、資源を再生産する仕組みが機能しなくなったのではないか。一つの仮説として、最盛期をむかえた直後、「妻木晩田」村が一時衰退する要因に森林資源の枯渇を想定しておきたい。

2 「妻木晩田」村の中興と松尾頭墳丘墓群

にぎわいをとり戻した村

人口が減少してから数十年、枯渇していた森林資源もこのあいだに回復したのだろうか。弥生時代終末期後半（三世紀中葉）の「妻木晩田」村にはふたたびたくさんの竪穴住居が建設されている（図61）。

確認できる竪穴住居跡は約六〇棟、土器一型式のあいだに数が倍増している。後期前葉に認められた大きな変化と同じく、人口の自然増加に加えて、外部からの移住もあったと考えたい。このなかには終末期前半に「妻木晩田」村を離れて、他所で暮らしていた人びとも含まれていると推測する。

集落の規模はV字回復しており、遺跡内の一九カ所に居住単位を形成している。松尾頭地区に五カ所、妻木山地区に六カ所、妻木新山地区に三カ所、洞ノ原地区に二カ所、松尾城地区に三カ所である。「妻木晩田」村の草分けの地で、後期にたくさんの居住単位が展開していた松尾頭地区と妻木山地区に往時のにぎわいが戻ってきた。とくに妻木山地区に規模の大きな居住単位が多い。終末期前半以降、妻木山地区が「妻木晩田」村の拠点となっていくようだ。ただし、最盛期の松尾頭地区3区のように、大型の掘立柱建物跡を保有したり、鏡片やガラス玉といった希少な遺物の出土が目立つ居住単位はない。集落規模が縮小した終末期前半を介して、遺構や遺物のあり方にも居住単位間の格差がなくなっているが、このあいだにも墳丘墓の造営は継続しており、妻木山地区のなかに村の指導者をようする集団が存在したものと思われる。

松尾頭墳丘墓群

弥生時代終末期の前半に仙谷地区における墳丘墓の造営が途絶え、松尾頭地区の1区に新たな墓域が形成される（図57・61）。この松尾頭墳丘墓群には、一

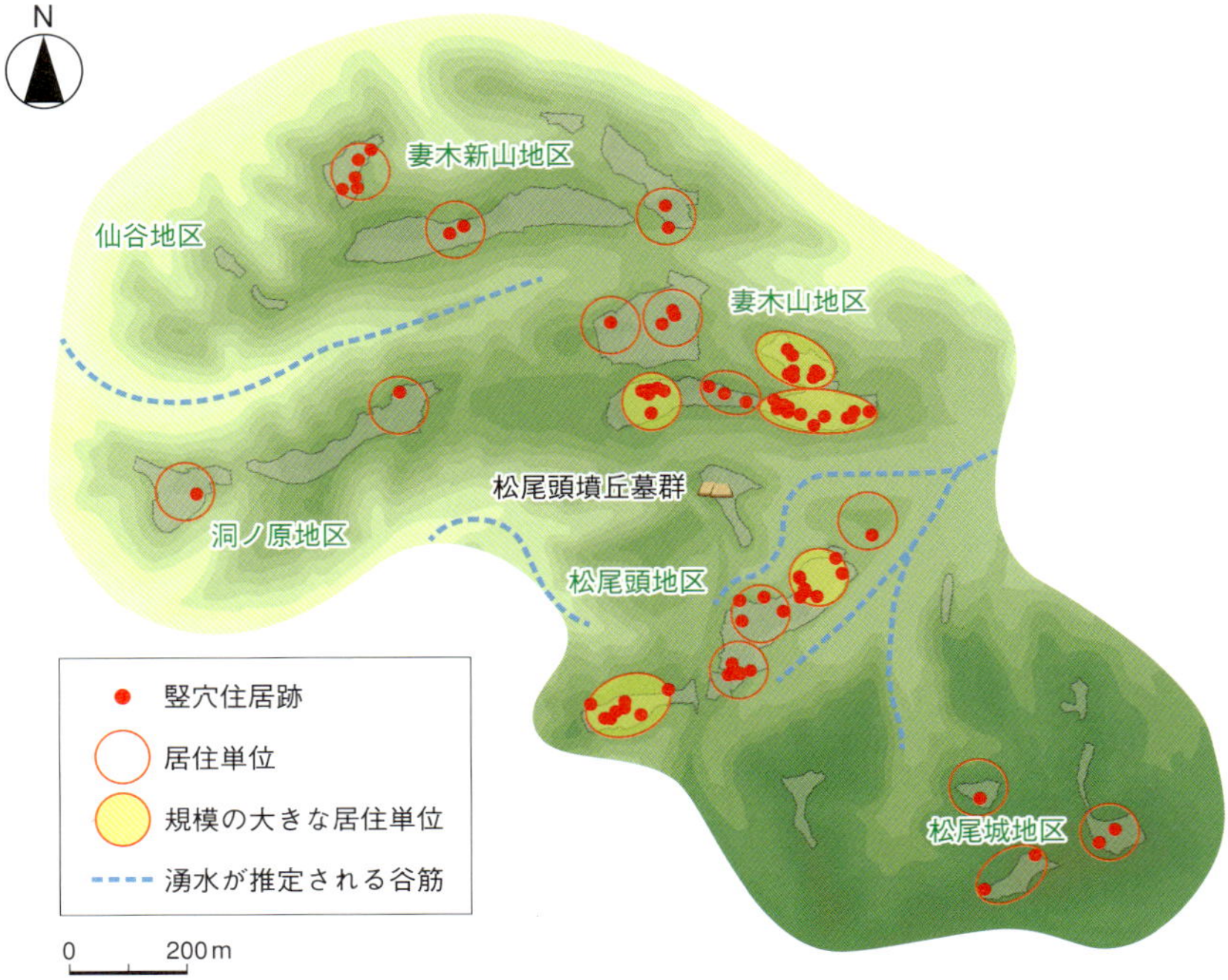

図61●弥生時代終末期後半の居住域
ふたたび竪穴住居跡が増加。居住単位の数も最盛期に近い状態に回復しており、往時のにぎわいをとり戻したようにみえる。

時衰退した村を支え、「妻木晩田」村の中興に尽力した人びとが葬られている。終末期後半に築造された松尾頭1号墓、2号墓の墳丘は一辺が一〇〜一一メートルほどある。「妻木晩田」村の歴代墳丘墓のなかでも比較的大型の墳丘を備えている（図62）。集落規模が回復した村の指導者にふさわしい規模の墓である。

なお、松尾頭1号墓と2号墓は標高の低い南東側の一辺を除く、三辺を溝で区画している。標高の低い側に溝がないのは、盛土によって表現された高低差で墳丘の範囲が十分に明示できたからだろう。三辺を区画する溝はそれぞれが独立しており、隅部が突出してみえる。しかし、貼石がないので、四隅突出型墳丘墓とはいえない。

「妻木晩田」村では、仙谷墳丘墓群の仙谷1号墓を最後に、四隅突出型墳丘墓の系譜が途絶える。四隅突出型の墳丘が出雲地域の有力者との政治的な関係をあらわすモニュメントだったな

図62 ● 松尾頭1・2号墓
手前が1号墓。左奥に2号墓がみえる。以前、居住域だった場所が墓域となっているため、古い竪穴住居跡が墳丘上に検出されている。

図63 ● 松尾頭地区などから出土した玉作関連遺物
濃い緑色の石材は花仙山産の碧玉。原石を小さく分割して、製品に仕上げていく過程を示す資料である。

らば、松尾頭墳丘墓群の被葬者と出雲の勢力との結びつきは薄れていたことになる。

ただし、両地域間の交流は閉ざされてはいない。このころの「妻木晩田」村では、松尾頭地区や洞ノ原地区西側丘陵でほそぼそと管玉の生産をおこなっている。その原材料に使用されていたのが、島根県松江市の花仙山《かせんざん》に産出する碧玉である（**図63**）。石材の消費地として出雲地域の集団との関係を維持していたとみたい。

棺底の砂と巻かれたヤリガンナ

仙谷墳丘墓群と同様、松尾頭1号墓、2号墓ともに木棺を採用しているが、埋葬施設に松尾頭1号墓には仙谷墳丘墓群とは違った特徴がみられる。それは棺の底に薄く敷かれた砂である（**図64**）。妻木晩田遺跡内では、古墳時代前期後半以降に造営された晩田山17号墳の埋葬施設の底にも砂が敷かれていた。こうした行為

図64● 松尾頭1号墓の埋葬施設と底面に敷かれた砂
うっすらと青灰色の砂がみえる。中央部には砂がないことから、棺に埋葬した被葬者の周囲に砂がまかれたものと報告されている。

図65● 松尾頭1号墓出土のヤリガンナ
棺の北側に副葬されていた。巻かれた状態での長さは7.5cm。錆びているが刃部には鎬（しのぎ）も観察できる良品である。

は弥生時代の終末期にはじまり、その後、古墳時代へと引き継がれた埋葬の作法のようだ。

松尾頭墳丘墓群を「弥生時代から古墳時代に向かう過渡期にあって、従前の墓制を引き継ぎつつ、新しい葬送儀礼を取り入れた墳墓」とみる高田健一は、松尾頭1号墓の埋葬施設から出土したヤリガンナにも注目している。このヤリガンナは、柄の部分をくるくると巻き上げ、特異な形状に加工されていたのである（図65）。

鉄刀や鉄剣、ヤリガンナといった鉄器を折り曲げて副葬する行為は、弥生時代の終わりから古墳時代のはじめに、九州地方北部から中国地方、近畿地方北部の墳墓に散見される。四世紀の中国の書物『神仙伝』に記述された「鉄の刀を折り曲げて鏡に変えるという呪術」に着目した清家章は、折り曲げた鉄製の刀剣類を銅鏡の代わりに副葬したとみている。松尾頭1号墳では、中国から伝わった思想にもとづく最先端の埋葬をおこなっていたのかもしれない。

3 「妻木晩田」村の終焉

いっせいに姿を消した住まい

弥生時代終末期の後半に勢力を回復した「妻木晩田」村の営みは、その後、古墳時代前期前葉（三世紀後葉）にも継続する。松尾頭地区に六カ所、妻木山地区に四カ所、妻木新山地区に四カ所、洞ノ原地区に二カ所、松尾城地区に二カ所、あわせて一八カ所の居住単位があり、集落規模に大きな変化はない（図66）。

ところが、竪穴住居跡の数は約三〇棟しかなく、弥生時代終末期から半減している。古墳時代前期中葉（四世紀前半）の土器が出土する竪穴住居跡は確認できないので、「妻木晩田」村の終焉は古墳時代前期中葉にさしかかるまでのあいだに起こった出来事だった。

しかも居住単位の数に明らかな減少がないまま生活が途絶えている。徐々に集落規模が縮小したのではなく、何かをきっかけに、あるときいっせいに「妻木晩田」村の人びとは丘陵を後にしたようだ。約三〇〇年間存続した山陰地方最大規模の村がなくなる。古墳時代の開始期に何があったのだろう。

仙谷8号墓の発見

二〇一五年に終えた仙谷地区西側丘陵

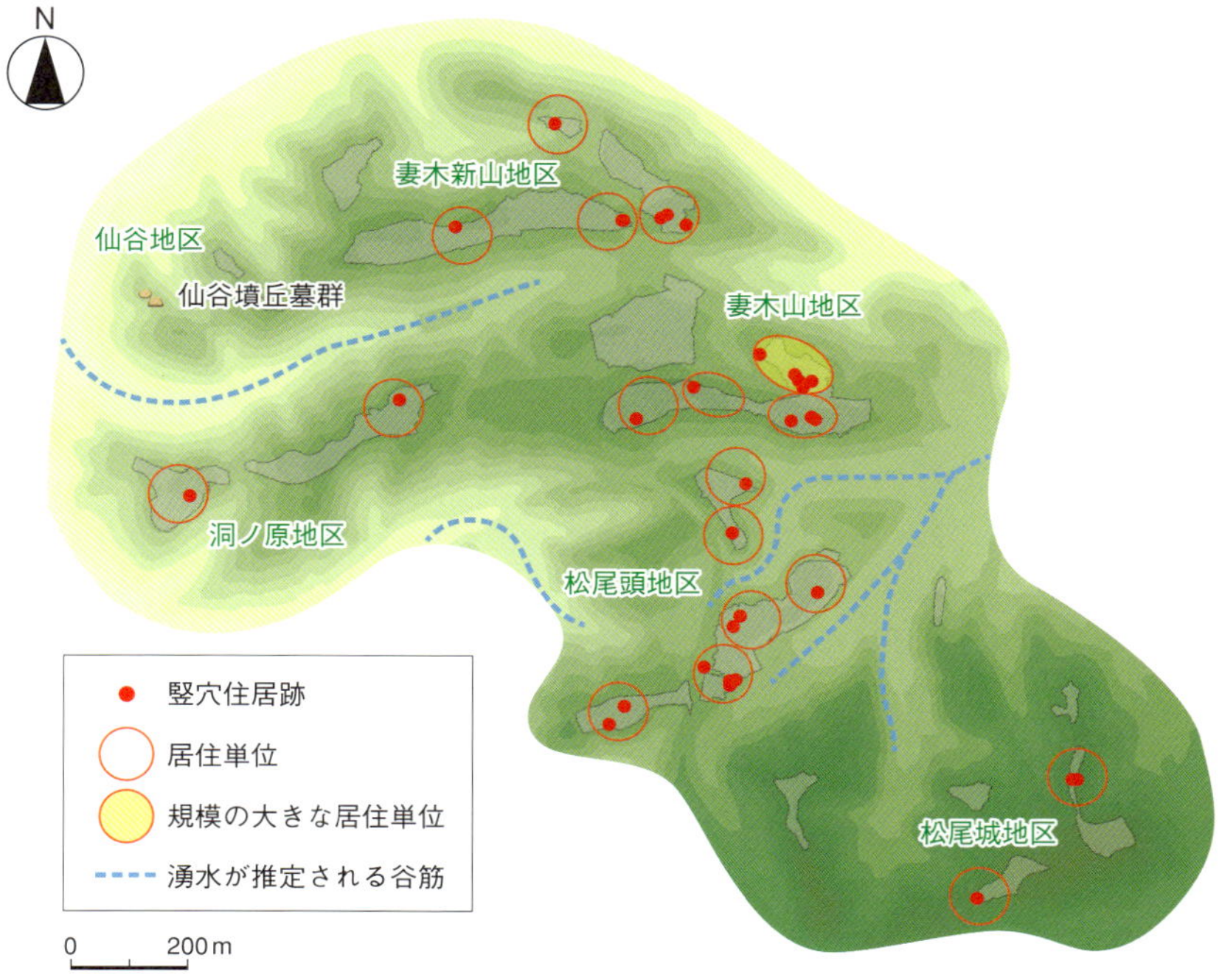

図66 ● 古墳時代前期前葉の居住域
居住単位の数に大きな変化はみられないが、竪穴住居跡の数は激減している。
また、ふたたび仙谷地区に墓域が移動するなどの動きがみえる。

の発掘調査では、すでに知られていた七基の墳丘墓のほかに8号墓、9号墓を新たに確認した（図67）。

仙谷8号墓は、仙谷1号墓から北側にのびる細い尾根上にあり（図49参照）、溝を掘って墳丘を区画している。地形に制約されて、墳丘は整然とした方形ではなく、「ばち」のような形をしている。長軸は一四メートル、北側を区画する溝は長さ約一七メートル、墳丘の大きさは遺跡内最大の仙谷1号墓に匹敵する。

注目すべきは墳丘の規模だけではない。墳丘の南よりに一つだけ設けられた埋葬施設には、二段に掘削した墓壙のなかに石棺を組み、ひとかかえもある大きな川原石で蓋をしてあった（図68）。蓋石と蓋石のあいだにこぶし大の礫をつめ、蓋石の周囲を人頭大の円礫でかこって隙間をふさぐという念の入れようである。

大山山麓にある弥生時代の墳丘墓に、こうした石棺の類例は知られていないので、仙谷8号墓の埋葬施設はきわめて特異である。また石棺には、妻木晩田遺跡の仙谷地区から南西に約三キロ離れた米子市淀江町稲吉に露頭している無斑晶質輝石安山岩が含まれていた。遺跡内には

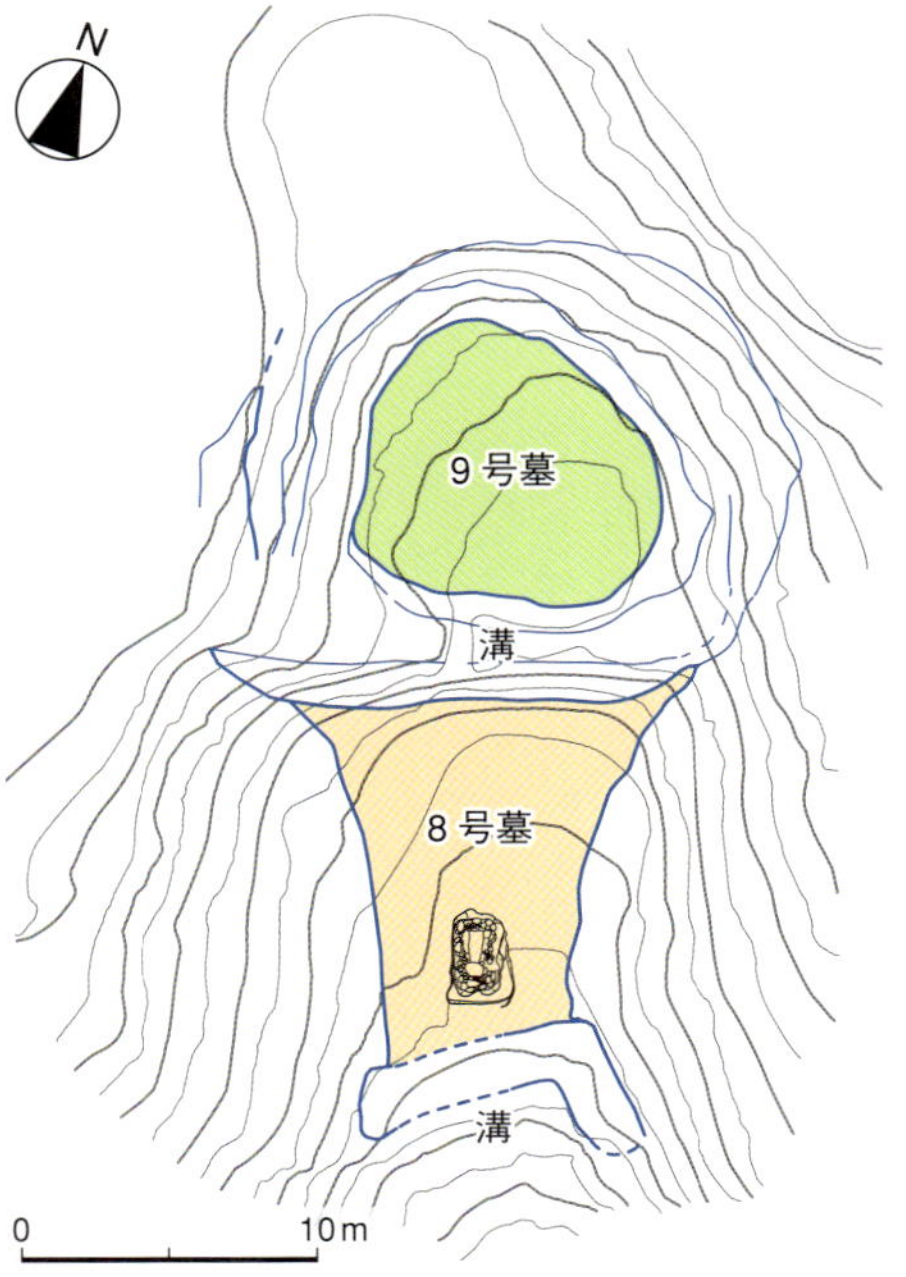

図67 ● 仙谷8号墓・9号墓
古墳時代前期前葉に築造されたとみられる。通常、弥生墳丘墓は○号墓、古墳は○号墳と表現するが、この2例は弥生時代集落の変遷に位置づけるため○号墓と命名された（着色部分は墳頂部）。

産出しない石材なので、稲吉から運搬してきたものとみてよい。

無斑晶質輝石安山岩で最大の蓋石は、長さ一二〇センチ×幅六〇センチ、重量が一二〇キロを超える。これだけの石材を用いた石棺だけに被葬者は相当な実力者だったと推測する。石棺内には被葬者の頭骨の一部が残っていた（図68）。情報量が少なく確実な性別、年齢は鑑定できないが、「やや男性的」な特徴をとどめているという観察所見が得られている。

仙谷8号墓と9号墓

ところが、仙谷8号墓からは一点の土器も出土しなかった。そのため墳丘墓の築造時期がわからない。そこで、さらに発掘調査範囲を拡張したところ、仙谷8号墓の北側に円形の墳丘がみつかり、新たに仙谷9号墓と名づけた（図67）。仙谷8号墓と仙谷9号墓は同じ溝を共有しており、相前後して築造されたことがわかる。

しかし、仙谷9号墓の墳丘頂部

図68 ● 仙谷8号墓の石棺と被葬者の頭骨
石棺の内側は長さ1.8m。足下が狭くつくられている。
被葬者は北側に頭を向けて埋葬されていた。蓋石も棺の形に合わせて、北から南に小さくなる。

は江戸時代に造成されていて、埋葬施設は失われ、土器も出土しなかった。ただ幸いなことに、墳丘の周囲に土器片が散らばっていて、そのなかの一つに古墳時代前期前葉の特徴をもつ器台の破片が確認できたのである。仙谷8号墓、9号墓の築造時期は、村が終焉をむかえた古墳時代前期前葉、三世紀後葉だったのである。

この調査を終えるまでは、弥生終末期に築かれた松尾頭1号墓、2号墓が「妻木晩田」村最後の墳丘墓と考えられていた。弥生時代の終わりには大型の建物を有する居住単位がなくなるなど有力者層の気配が薄れることから、私は、近畿地方に一大勢力があらわれ、全国各地に影響をおよぼした古墳時代のはじまりに有力な指導者を失った「妻木晩田」村は解体したのではないかというイメージを抱いていた。しかし、仙谷8号墓の調査により、古墳時代前期前葉にも、歴代最大規模の墳丘を築き、周辺にも類のない石棺に埋葬された有力な人物がみえてきた。

では、なぜ、「妻木晩田」村の営みは、古墳時代前期中葉以降にも継続しなかったのか。残念ながら、妻木晩田遺跡にそのことを検討する素材はみつかっていないので、鳥取県域の他の遺跡における古墳時代開始期の様子をみながら、「妻木晩田」村の終焉を検討していこう。

4　古墳時代の幕開け

前方後円墳の時代

三世紀半ばごろ、近畿の大和地域に巨大な前方後円墳をつくる集団が登場する。「魏志倭人伝」によれば、他界した卑弥呼は大きな塚に葬られたという。大和地域にあらわれた初期の前方後円墳「箸墓《はしはか》」は卑弥呼の墓の有力候補となっており、前方後円墳の出現をもって古墳時代のはじまりとする説が有力である。

そして、大和地域に台頭した一大勢力のもとに列島各地の有力集団は政治的な結びつきを強め、各々が拠点とする地域に前方後円墳を築きはじめた。山陰地方では大和地域に遅れること約半世紀、古墳時代前期中葉（四世紀前半）に、まずはもっとも大和地域に近い鳥取県東部（鳥取市域）で前方後円墳の築造がはじまる。

その一つが、鳥取市にある本高《もとだか》14号墳（図69・70）。鳥取平野を北流する千代川西岸の丘陵に築かれた全長六三メートルの前方後円墳である。当初は大型の円墳と考えられていたが、発掘調査の結果、尾根を削り出してつくった前方後円墳であることがわかった。墳丘のくびれ部でみつかった副次的な埋葬施設から、古墳時代前期中葉に特徴的な小型の壺が出土し、山

図69●本高14号墳と本高弓ノ木遺跡
中央にあるのが本高14号墳。後円部と前方部に各2基、くびれ部と前方部の端部に各1基の埋葬施設がある。前方部にある埋葬施設には小型の内行花文鏡や水晶製の勾玉などが副葬されていた。左上の山裾が本高弓ノ木遺跡。

陰地方最古級の前方後円墳であることが判明した。

その重要性から、調査中に保存が決まり、後円部にある埋葬施設は調査されていないが、この発掘により、従来は四世紀後半と考えられていた鳥取県における前方後円墳の出現時期が四世紀前半にさかのぼることになった。

さて、こうした地域の状況と「妻木晩田」村の消長を重ね合わせると、「妻木晩田」村の終焉は、前方後円墳というモニュメントにより権力を誇示する時代の出来事といえそうだ。そして何かの不都合を解消するため、「妻木晩田」村の最後の指導者の政治的判断により、三〇〇年におよぶ山の上の暮らしに幕が下ろされたのではなかろうか。

本高弓ノ木遺跡の水利施設

本高14号墳の麓には千代川の支流域に発達した平野が広がっている。その一角にある本高弓ノ木遺跡（図70）に、本高14号墳が築造された当時の土地利用を知る重要な遺構がみつかった。木製の構造物を備えた大規模な水路である。

本高弓ノ木遺跡は弥生時代開始期から集落や生産域とし

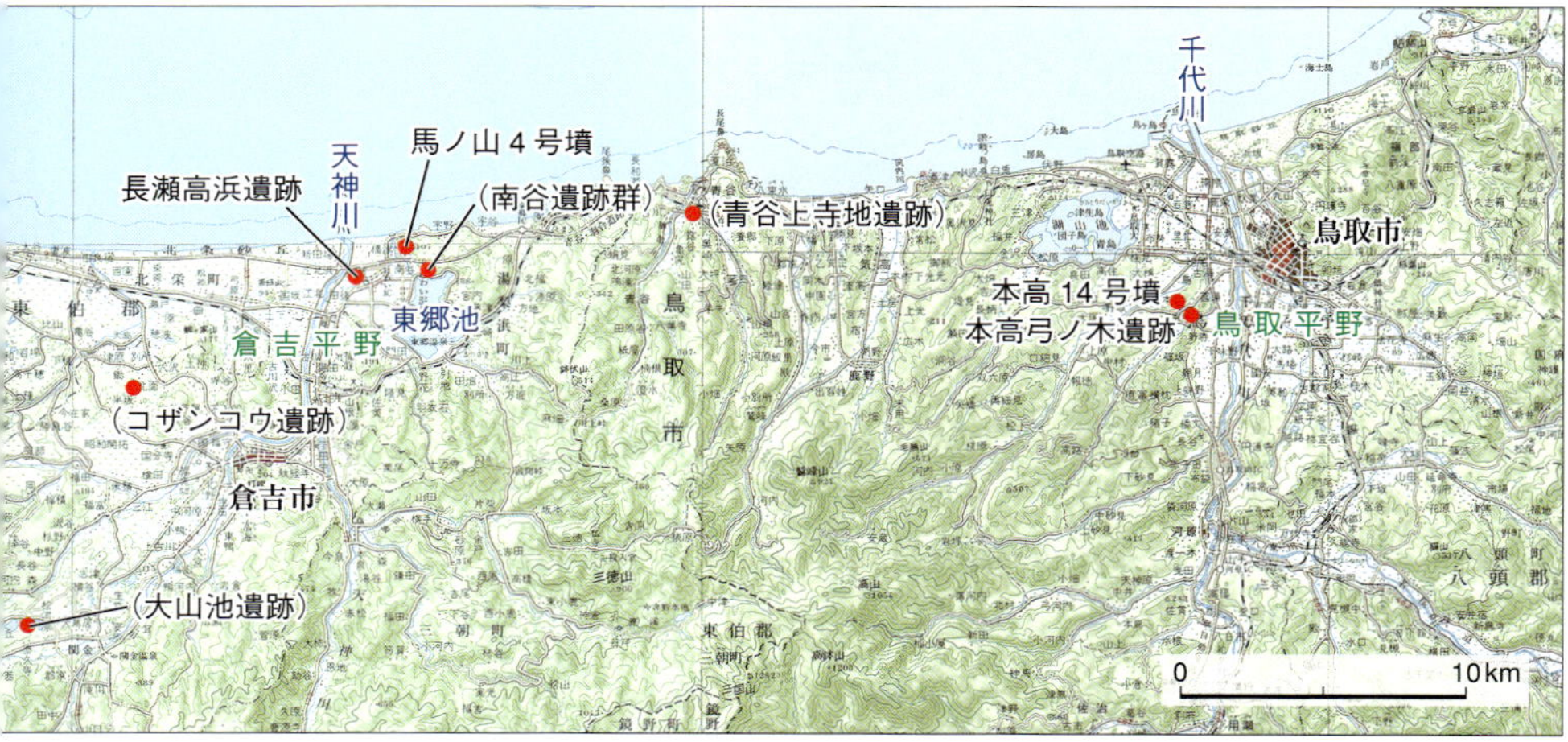

て利用されており、弥生時代にも大きな水路跡がみつかっている。弥生時代と古墳時代の水路を比較してみると、古墳時代前期の水路のほうが規模が大きく直線的で、多量の水を効率的に流すことができる。また、弥生時代の水路には大がかりな構造物がないのに対して、古墳時代の水路には堰のような木製の構造物などがあり、ここで水量の管理、調整をしていたと推測される。

また、木製構造物の周囲には植物で編んだ「むしろ」を梱包材とする土嚢が積んであった。土嚢の確認例としては国内最古級となる。鳥取県内でいち早く畿内勢力と結びつき、本高14号墳を造営した人びとは、当時の最新技術で灌漑施設を整備し生産力の向上を図ったようだ。

長瀬高浜遺跡と南谷遺跡群

鳥取県中部の東郷池周辺にも古墳時代開始期の重要な遺跡がある。倉吉平野から日本海へそそぐ天神川の下流域に立地する長瀬《ながせ》高浜《たかはま》遺跡である（図70）。ここには弥生時代終末から古墳時代前期にこの地域を代表する集落があった。

図70 ● 長瀬高浜遺跡・馬ノ山４号墳・南谷遺跡群
東伯郡湯梨浜町の東郷池周辺地域には鳥取県の弥生時代や古墳時代を考えるうえで重要な遺跡が点在している。（　）内はおもに弥生時代の遺跡。

発掘調査では、たくさんの竪穴住居跡とともに、高層建造物とみられる大型の建物跡もみつかっている。この建物跡には方形の囲いがあり、重要な施設だったことがわかる。また、多量の鉄器が出土している。当時、たくさんの鉄器がこの村に集積されていたようだ。

そして、長瀬高浜遺跡を見下ろす東郷池東岸の丘陵には、古墳時代前期後葉（四世紀後半）に築造された大型の前方後円墳（推定全長一〇〇メートル）がある。本高14号墳の発見まで鳥取県内最古の前方後円墳と考えられていた馬《うま》ノ山《やま》4号墳である（図70・71）。竪穴式石室内に置かれた割竹形の木棺には三角縁神獣鏡などの副葬品があった。長瀬高浜遺跡はこの古墳を造営した集団の拠点と目される。

馬ノ山4号墳の南側には、長瀬高浜遺跡に先行する弥生時代後期の集落跡、南谷《みなみだに》遺跡群がある（図70）。丘陵の尾根に居住域が展開しており、弥生時代後期後葉から終末期には「妻木晩田」村に匹敵する規模の集落があった。ところが古墳時代前期になると竪穴住居跡の数が減っている。集落規模の縮小は、長瀬高浜遺跡への人の移動を思わせる。

図71 ● 馬ノ山4号墳
海浜部を一望する丘の上にある。室内を赤く彩った竪穴式石室のなかには割竹形の木棺があり、三角縁神獣鏡や車輪石などの石製腕飾類が副葬されていた。

拠点集落としての条件

弥生時代終末期後半にふたたび勢いをとり戻した「妻木晩田」村は、どうして古墳時代前期前葉に営みを絶ったのか。自然環境の変化などの理由があって、丘陵での生活を続けることが困難になったのかもしれないが、現状では、そうした痕跡はみいだせない。だとすれば、「妻木晩田」村の終焉は、古墳時代開始期の社会情勢に関連する出来事だったことも考えなければならない。

鳥取市本高では古墳時代前期になって新たな水路が整備されていた。地域の主権を争う集団にとって、経済的価値の高いコメの生産力を向上することは重要施策の一つだったのだろう。鳥取県中部の東郷池周辺では、丘陵にある南谷遺跡群から平野部の長瀬高浜遺跡に人の移動が想定される。長瀬高浜遺跡の南側には肥沃な平野が広がる。長瀬高浜遺跡は生産域のそばに営まれた新たな拠点集落だったと考えられよう。多量の鉄器が出土しており、海浜部の物流拠点としても機能していたことがうかがわれる。

畿内勢力の影響のもと、列島各地に新たな地域社会の枠組がつくられた時代。それまで丘陵部に大規模集落が営まれてきた鳥取県域では、平野部を新たな活動拠点とすることの重要性が高まってきた。こうした情勢の中で「妻木晩田」村は役割を終えたのではなかろうか。

洞ノ原地区に古墳を築いた人びと

妻木晩田遺跡のふもとには淀江平野や阿弥陀川の扇状地が広がる。現在、この一帯は水田地帯となっているが、「妻木晩田」村に続く古墳時代の拠点集落は、このどこかに埋没している可能性がある。その発見は将来にゆだねるとして、人びとが去った「妻木晩田」村の跡地には、その後、たくさんの古墳がつくられた。

洞ノ原地区、妻木山地区、松尾頭地区、妻木新山地区に形成された古墳群には、指定地外にあるものも含めると七〇基前後の古墳が確認できる。

このなかでいち早く古墳の造営がはじまったのが洞ノ原地区である。ここには約二〇基の古墳がある。その多くは直径一〇メートルほどの小円墳だが、西側丘陵には前方後円墳（全長三六メートル）の晩田山3号墳（図72）、洞ノ原地区東側丘陵には大型円墳（直径四一メートル）の晩田山17号墳といった遺跡内最大規模の古墳がある。これらは古墳時代前期後半から中期前半に築造されたものだ。

私は、洞ノ原地区に古墳を築いたのは、「妻木晩田」村ゆかりの人たちだったと推測する。なぜなら、洞ノ原地区東側丘陵に築造された古墳は、どれも洞ノ原墳丘墓群を避けるように分布しているからだ（図73）。墳丘墓群が占有する場所は洞ノ原地区の一等地なのに、弥生時代の墳丘墓を壊して古墳をつくることはなかった。洞ノ原地区に古墳を築いた人びとは、「妻木晩田」村の始祖たちが眠る場所を記憶にとどめていたのである。おそらく、洞ノ原地区からみわたせる場所のどこかに、「妻木晩田」村の末裔たちが暮らした集落は埋まっているのだろう。

図72 ● 晩田山3号墳
かつて環濠があった洞ノ原地区西側丘陵の先端にある。後円部のほぼ中央に礫を積み上げてつくった竪穴式石室がある。天井石はなく、木材が天井に使われていた可能性が指摘されている。

「妻木晩田」村の行方

古墳時代前期中・後葉（四世紀）の大山山麓（西伯耆地域）には、一〇〇メートルを超える大型の前方後円墳は存在しない。しかし、古墳時代中期（五世紀）になると、大山西麓にある法勝寺川・日野川流域に、全長一一〇メートルの前方後円墳（西伯郡南部町三崎殿山《みさきとのやま》古墳）が登場する（**図70参照**）。古墳時代前期の後半から中期にかけて、法勝寺川・日野川流域を拠点とする集団が地域の覇権争いから抜け出し、大山山麓を広域支配する一大勢力となったようだ。

ではなぜ、弥生時代後半期に山陰地方屈指の集落だった「妻木晩田」村の末裔たちは大山山麓の一大勢力とならなかったのか。

古墳時代に生産性の高い水田域を拡大していくためには、広い平野と豊富な水が不可欠だ。ところが、「妻木晩田」村の周辺には流域の広い河川がない。淀江平野や阿弥陀川の扇状地は、弥生時代の生活を支えるには十分な土地だったが、古墳時代の一大勢力が求める環境条件を備えていなかったのではないか。一方、三崎殿山古墳は、広大な米子平野を形成した日野川と、その支流の法勝寺川の流域にある。その周囲に広がる肥沃な沖積地が、法勝寺川・日野川流域勢力の成長を支えたのである。

そして、鳥取県内から一〇〇メートル級の前方後円墳が姿を消

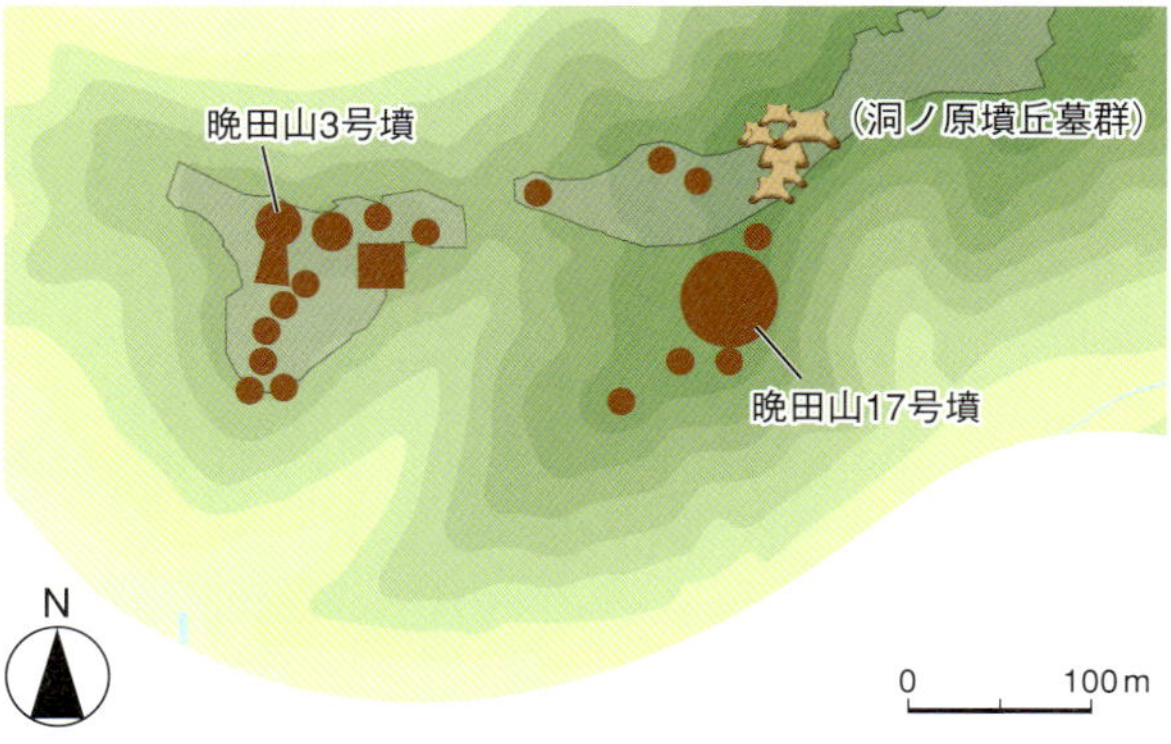

図73 ● 洞ノ原地区に造営された古墳群
晩田山17号墳は大型の円墳で、中央部の箱式石棺から、鉄剣、鉄刀、鉄槍、鉄鉾、鉄斧など多量の副葬品が出土している。

す古墳時代後期（六世紀）になると、全長五五メートルの前方後円墳（米子市亀塚《かめづか》古墳、西伯郡南部町後《うしろ》浴山《ざこやま》古墳）をつくる法勝寺川・日野川流域の集団と対峙するかのように、淀江平野の南側に位置する向山丘陵や小枝山に全長六五メートルの向山4号墳、四八メートルの長者ヶ平《ちょうじゃがなる》古墳や、五二メートルの岩屋古墳（向山1号墳）、六一メートルの石馬谷古墳（小枝山5号墳）が築かれる（**図4参照**）。

向山丘陵にある長者ヶ平古墳には、全長一〇メートルを超える長大な横穴式石室があり、副次的な埋葬施設である小石郭から、金銅製透彫冠（**図74**）をはじめとする、たくさんの金銅製品が出土している。向山丘陵や小枝山に築かれた前方後円墳には、かなりの有力者が埋葬されているとみてよい。古墳時代後期に「妻木晩田」村の末裔たちはふたたび輝きをとり戻したのである。

なお、長者ヶ平古墳について詳細な検討をおこなった中原斉・角田徳幸は、つぎのような指摘をしている。大山山麓一帯は、古墳時代中期まで法勝寺川・日野川流域の集団が広域を支配していたが、古墳時代後期に淀江平野の集団が台頭し、地域を二分する勢力となったというものである。そして、長者ヶ平古墳の横穴式石室が畿内型石室の要素を一部にとり入れていることや、金銅製透彫冠が畿内を中心に分布する副葬品であることに着目し、旧来の

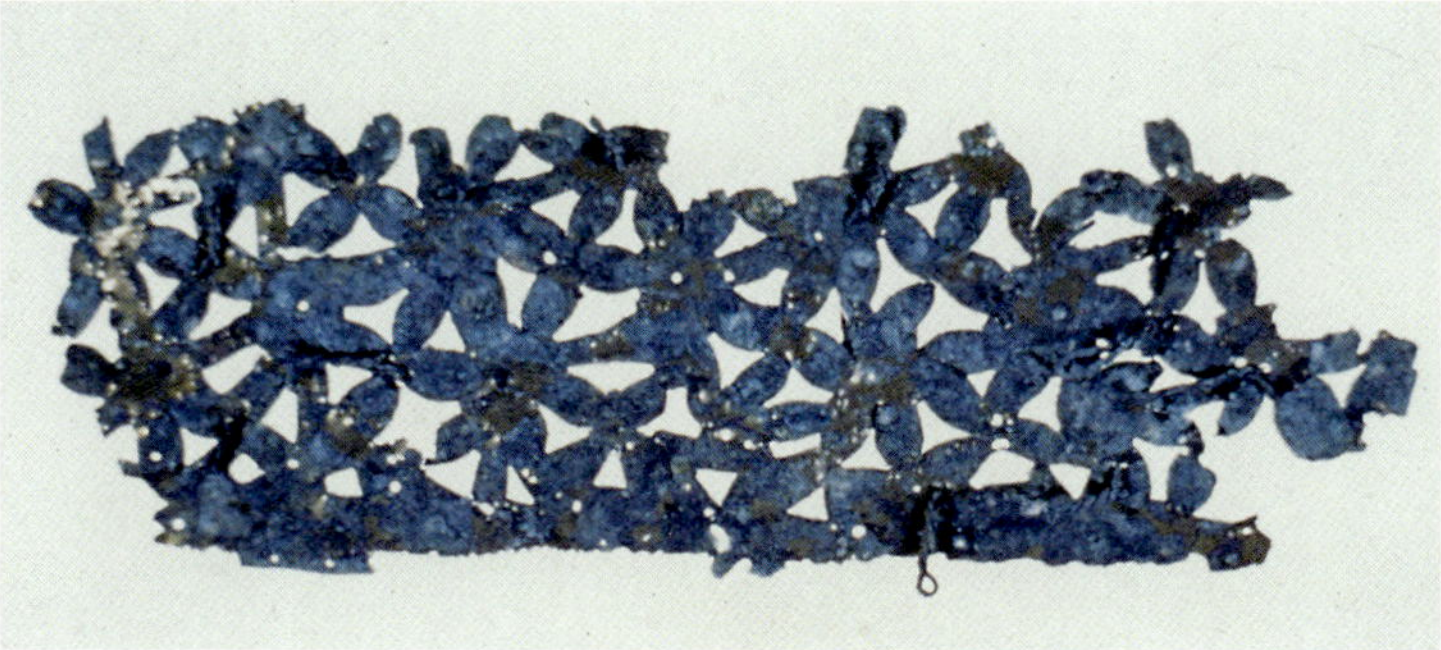

図74 ● 長者ヶ平古墳出土の金銅製透彫冠
三角形透しを放射線状に配して、その中央に青色のガラス玉を置き、花形の文様を構成している。畿内を中心に分布する重要な副葬品である。

広域首長権を解体し、地域を小さな単位に分割することで支配強化をもくろんだ大和政権との結びつきを見通している。

大山山麓の沿岸部には、五世紀末から六世紀前半にかけて、北部九州系統の横穴式石室が導入される。なかでも九州以外で唯一の石人・石馬（伝・石馬谷古墳出土）が出土している淀江平野の集団は、九州勢力との結びつきが深い。それに加えて、新たな枠組みのもとに大山山麓の地域支配を推し進めようとする大和政権側とも良好な関係を結ぶことで、淀江平野の集団は、法勝寺川・日野川流域の集団と肩を並べる勢力へと成長したのだろう。

古墳時代の後半期に力を蓄えた彼らは、白鳳時代（七世紀後葉）に古代寺院を上淀の地に建立する。仏の世界をあざやかな彩色壁画によって表現した上淀廃寺は、激動の時代を切り抜けてきた「妻木晩田」村の末裔たちの生き様、歴史を総括する荘厳なモニュメントだったのかもしれない。

時は過ぎ、二〇世紀末。妻木晩田遺跡の大部分は「記録保存」と引き換えに消滅するはずだった。ところが、この遺跡の重要性に共感した人びとによる熱心な運動と応援が現地保存への道を開き、国の史跡となった。現在、地下に保存された遺構の上には、村の最盛期・二世紀後半の集落景観が復元され、出土品がならぶ展示室や体験学習室、多目的広場などを備えた史跡公園として、妻木晩田遺跡は公開、活用されている。二一世紀にふたたび時を刻みはじめた弥生時代の大規模集落は、地域の歴史・文化を伝える教材として、さらには地域の活動、情報発信、観光交流の拠点として、新たな価値を創出し、その存在感を増すことが期待されている。

おもな参考文献

梅原末治　一九二二『鳥取県史蹟勝地調査報告第一冊　鳥取県下に於ける有史以前の遺跡』鳥取県

金関　恕　一九八六「呪術と祭」『岩波講座　日本考古学4　集落と祭祀』岩波書店

佐古和枝編　一九九九『海と山の王国―妻木晩田遺跡が問いかけるもの―』「海と山の王国」刊行会

佐々木謙　一九八一「鳥取県淀江町出土弥生式土器の原始絵画」『考古学雑誌』六七―一

島根県立古代出雲歴史博物館　二〇〇七　図録『弥生王墓誕生　出雲に王が誕生したとき』

清家　章　二〇〇二「折り曲げ鉄器の副葬とその意義」『待兼山論叢』三六（史学篇）

高尾浩司　二〇〇〇「鳥取県における弥生時代鉄器の様相」『考古学ジャーナル』四六七

高田健一　二〇〇四「妻木晩田遺跡における弥生時代集落像の復元」『妻木晩田遺跡発掘調査研究年報二〇〇四』鳥取県教育委員会

高田健一　二〇〇六『妻木晩田遺跡―甦る山陰弥生集落の大景観―』同成社

鳥取県教育委員会　二〇〇四『弥生のすまいを探る―建築技術と生活空間―』

鳥取県立博物館　二〇〇八　図録『因幡・伯耆の王者たち』

鳥取県立むきばんだ史跡公園　二〇一五『甦る弥生の国邑　妻木晩田遺跡（改訂版）』

長尾かおり　二〇一六「妻木晩田遺跡の盛衰と終焉」『激動の三世紀を生きる　弥生時代の終焉と妻木晩田遺跡』鳥取県教育委員会

中原　斉　二〇〇一「妻木晩田遺跡発掘調査研究史」『妻木晩田遺跡発掘調査研究年報二〇〇〇』鳥取県教育委員会

中原　斉・角田徳幸　一九九〇「鳥取県・長者ヶ平古墳の研究」『島根考古学会誌』七

濵田竜彦　二〇〇六「伯耆地域における弥生時代中期から古墳時代前期の集落構造」『弥生の大型建物とその展開』サンライズ出版

濵田竜彦　二〇〇六「山陰地方における弥生時代集落の立地と動態―大山山麓・中海南東岸地域を中心に―」『古代文化』五八―II

濵田竜彦　二〇〇九「山陰地方の弥生集落像」『国立歴史民俗博物館研究報告』一四九

濵田竜彦　二〇一二「本高古墳群・本高弓ノ木遺跡」『発掘された日本列島二〇一二』朝日新聞出版

濵田竜彦　二〇一六「西伯耆地域」『集落動態からみた弥生時代から古墳時代への社会変化』六一書房

濵田竜彦・高田健一編　二〇〇五『日本海を望む弥生の国々―環濠から見える弥生社会とは―』編集工房遊

馬路晃祥　二〇〇六「妻木晩田遺跡の自然環境と人びとの関わり」『倭人の生きた環境　山陰弥生時代の人と自然環境』鳥取県教育委員会

〈発掘調査報告書〉＊妻木晩田遺跡に関するもの以外の発掘調査報告書は割愛した。

大山スイス村埋蔵文化財発掘調査団・大山町教育委員会　二〇〇〇『妻木晩田遺跡発掘調査報告書I～IV』

鳥取県教育委員会　二〇〇三『史跡妻木晩田遺跡第4次調査発掘調査報告書―洞ノ原地区西側丘陵の発掘調査―』

鳥取県教育委員会　二〇〇六『史跡妻木晩田遺跡妻木山地区発掘調査報告書―第8・11・13次調査―』

鳥取県教育委員会　二〇〇八『史跡妻木晩田遺跡松尾頭地区調査発掘調査報告書―第16・19次調査―』

鳥取県教育委員会　二〇一一『史跡妻木晩田遺跡松尾頭地区調査発掘調査報告書―第20・21・23次調査―』

淀江町教育委員会　二〇〇〇『妻木晩田遺跡　洞ノ原地区・晩田山古墳群発掘調査報告書』

鳥取県立 むきばんだ史跡公園

- 鳥取県西伯郡大山町妻木１１１５―４
- 電話０８５９（３７）４０００
- 開場時間　９：00～17：00（入場は16：30分まで）、七・八月は19：00まで（入場は18：30まで）
- 休日　第四月曜日（祝日の場合は直後の休日でない日）、年末年始
- 交通　ＪＲ淀江駅よりタクシーで約５分。車で山陰自動車道淀江ICより約５分

むきばんだジュニアクラブの活動

〈妻木晩田遺跡の保存と活用〉

一九九五年、県と地元自治体が誘致したゴルフ場を建設するために妻木晩田遺跡の発掘調査がはじまった。一九九六年、洞ノ原墳丘墓群の報道を契機に保存運動が全国展開。一九九九年四月、全面保存が決定。同年一二月、国の史跡となった。

その原動力となったのは、この遺跡の価値に共感した人びとの熱心な活動だった。活動の内容は『海と山の王国―妻木晩田遺跡が問いかけるもの―』にくわしい。応援にかけつけた考古学研究者の講演や保存・活用に関するシンポジウムの記録も充実している。本書で私がふれることができなかった妻木晩田遺跡の一側面を知ることができる。一読をお勧めしたい。

また、当時の調査担当者や発掘作業員の方々、開発側の関係者、保存と開発の調整を担った大山町、淀江町、鳥取県の文化財担当職員の努力、そして最終的に遺跡の全面保存を英断した方々に敬意を表する。

そして二〇一二年四月、第Ｉ期整備を終えた妻木晩田遺跡は「鳥取県立むきばんだ史跡公園」としてグランドオープンした。現在、洞ノ原地区・妻木山地区・妻木新山地区には、「妻木晩田」村の最盛期、二世紀後半の集落景観や森林が整備され、遺跡の活用が進められている。その身近なサポート役として重要な役割を果たしているのが「妻木晩田遺跡ボランティアガイドの会」や「弥生体験ボランティアスタッフ」の一員として活動している地域の方々である。年間を通じてたくさんのイベントや講座を開催できるのも、こうした方々の支えがあってこそである。

妻木晩田遺跡は、保存・史跡指定から一五年以上の時が経過した。これからもこの貴重な集落遺跡を守り伝え、活用していくためには、日ごろ遺跡に興味がないという方にこそ「遺跡の存在と魅力」を知ってもらい、その価値に気づいてもらう必要があるだろう。日本海を望む丘の上によみがえった「倭の国邑」が、これから新たな地域文化を生み出し、発信する拠点となることを切に願う。

遺跡には感動がある

――シリーズ「遺跡を学ぶ」刊行にあたって――

「遺跡には感動がある」。これが本企画のキーワードです。

あらためていうまでもなく、専門の研究者にとっては遺跡の発掘こそ考古学の基礎をなす基本的な手段です。また、はじめて考古学を学ぶ若い学生や一般の人びとにとって「遺跡は教室」です。

日本考古学では、もうかなり長期間にわたって、発掘・発見ブームが続いています。そして、毎年厖大な数の発掘調査報告書が、主として開発のための事前発掘を担当する埋蔵文化財行政機関や地方自治体などによって刊行されています。そこには専門研究者でさえ完全には把握できないほどの情報や記録が満ちあふれています。しかし、その遺跡の発掘によってどんな学問的成果が得られたのか、その遺跡やそこから出た文化財が古い時代の歴史を知るためにいかなる意義をもつのかなどといった点を、莫大な記述・記録の中から読みとることははなはだ困難です。ましてや、考古学に関心をもつ一般の社会人にとっては、刊行部数が少なく、数があっても高価なその報告書を手にすることすら、ほとんど困難といってよい状況です。

いま日本考古学は過多ともいえる資料と情報量の中で、考古学とはどんな学問か、また遺跡の発掘から何を求め、何を明らかにすべきかといった「哲学」と「指針」が必要な時期にいたっていると認識します。

本企画は「遺跡には感動がある」をキーワードとして、発掘の原点から考古学の本質を問い続ける試みとして、日本考古学が存続する限り、永く継続すべき企画と決意しています。いまや、考古学にすべての人びとの感動を引きつけることが、日本考古学の存立基盤を固めるために、欠かせない努力目標の一つです。必ずや研究者のみならず、多くの市民の共感をいただけるものと信じて疑いません。

二〇〇四年一月

戸沢充則

著者紹介

濵田竜彦（はまだ・たつひこ）

1969年、山口県下松市生まれ。

関西大学大学院文学研究科史学専攻博士課程前期課程修了。

鳥取県教育委員会文化財課、鳥取県立むきばんだ史跡公園を経て、現在、鳥取県埋蔵文化財センター係長。

主な著作　共編『日本海を望む弥生の国々—環濠から見える弥生社会とは—』編集工房遊、「伯耆地域における弥生時代中期から古墳時代前期の集落構造」（『弥生の大型建物とその展開』サンライズ出版）、「山陰地方における弥生時代集落の立地と動態—大山山麓・中海南東岸地域を中心に—」（『古代文化』58-Ⅱ）、「山陰地方の弥生集落像」（『国立歴史民俗博物館研究報告』149）ほか。

写真提供（所蔵）
鳥取県立むきばんだ史跡公園：図1（上）・3・7・9・11（下）・13・15（下）・21・27・33・34・45・46・47・48・51・53・56・58・59（杉本和樹氏撮影）・63・68・博物館紹介／米子市教育委員会：図5・22（上）・23・25・29・30・72／鳥取県埋蔵文化財センター：図10・20・54・55・69／大山町教育委員会：図11（上）・14・15（上）・26・39（下）・42・50・62・64・65／出雲市：図31・32／松江市教育委員会：図36／伯耆町教育委員会：図44／湯梨浜町教育委員会：図71／東京大学総合研究博物館：図74

図版出典・参考（一部改変）
図1（下）：国土地理院20万分の1地勢図「松江」／図4：国土地理院5万分の1地形図「米子」／図19・24・37・38・57・61・66：鳥取県立むきばんだ史跡公園2015／図22（下）：佐々木謙1981／図28：淀江町教育委員会2000／図39：鳥取県教育委員会2011／図49・52・67：長尾2016／図70：国土地理院20万分の1地勢図「松江」「鳥取」

上記以外は著者

シリーズ「遺跡を学ぶ」111

日本海を望む「倭《わ》の国邑《こくゆう》」　妻木晩田《むきばんだ》遺跡

2016年 9月15日　第1版第1刷発行

著　者＝濵田竜彦
発行者＝株式会社 新 泉 社
東京都文京区本郷2−5−12
TEL 03（3815）1662 ／ FAX 03（3815）1422
印刷／三秀舎　製本／榎本製本

ISBN978−4−7877−1631−6　C1021

シリーズ「遺跡を学ぶ」